新潮新書

佐山展生　山本 昌
SAYAMA Nobuo　YAMAMOTO Masa

生涯現役論

719

新潮社

生涯現役論

佐山展生　山本 昌

新潮社

はじめに

佐山展生

２０１６年の春頃、ビジネス系ニュースキュレーションサイト「ニューズピックス」の編集部から「山本昌さんと対談しませんか」という提案があった。

ニューズピックスはサイト開設以来、応援してきているが、編集者の野村高文さんは私が学生時代に真剣に野球に取り組み、よく野球の話をすることを知っている。そこで、前年に現役生活を退かれた山本さんと私との対談を通して「ビジネスマン向けのコンテンツを作ろう」と考えたらしい。対談のテーマは「生涯現役論」。プロ野球史上最長の32年間も現役選手を続けた山本さんに、直接お会いしてお話を伺えるとは夢のような機会なので、すぐにお引き受けした。

山本さんには以前から、是非ともお会いしてみたいと思っていた。最多勝利3回に最優秀防御率のタイトルも獲得し、２００勝以上の勝ち星を挙げた名投手ながら、ストレートが飛び抜けて速いわけではない。にもかかわらず三振を取れるピッチャーで、四球も非常に少なかった。一野球ファンとして投球術をお伺いするとともに、どうしてそんなに永く一線で投げ続けられたのかをぜひ聞いてみたかった。最年長でのノーヒットノーランや最年長勝利など、普通のプロ野球選手なら引退していてもおかしくない40代になってから数々の実績を積み上げることができた秘訣も知りたかった。

一般的にプロ野球でスターとして活躍されていた方は、幼少期からスターである場合が多い。お会いする前は、山本さんも当然そうなんだろうと勝手に思い込んでいた。ところが、実際にお会いして話を聞くと、その野球人生は苦労の連続だったと分かって本当に驚いた。

山本さんは、中学でも高校でも最初は補欠の投手だし、ドラフト5位で中日に入団した後も5年目のシーズンに入るまで1勝もできていない。度重なるケガにも見舞われている。どこで野球に見切りをつけていてもおかしくはなかった。にもかかわらず、たゆまぬ努力を続け、２０１５年に引退されるまで32年間も現役生活を貫いた。これは本当にすごい。よく「若い時の苦労は買ってでもしろ」というが、山本さんの野球人生はその教訓の正しさを示す最高の実例だろう。

苦労というのは、「筋トレ」に似ている。重いものをあげていると、だんだんとさらに重いものがあげられるようになるのと同じで、苦労はメンタルを鍛える「メンタルトレーニング（メントレ）」なのだ。何かしんどいことがあっても「メントレ」によってその苦境を乗り越えられれば、さらにしんどいことでも乗り越えていけるようになる。

山本さんの話を聞く姿勢にも感心した。功をなした人の中には自分の話ばかりする人が少なくないものだが、山本さんは人の話をよく聞くし、私と話している時もメモまで取っておられた。学び続ける謙虚な姿勢をずっと持っておられることも、山本さんが成長を続けられた理由の一つだろう。

人生は自作自演のドラマである。自分の人生を創るのは自分自身だ。「会社がおもしろくない」と愚痴る人は多いが、その愚痴はつまるところ自分に言っているのである。山本さんも不遇の時代やケガによる離脱もたくさん経験しているが、愚痴を言わず、不遇を嘆かず、常に黙々と自分のやるべきことを続けていた。そういう黙々と努力する姿勢で生きている人には、いずれチャンスがやってくるし、チャンスが来た時にしっかりとそれをつかむことができる。

もし山本さんが周りの人に愚痴ばかり言うような人だったら、このようなチャンスは来なかっただろうし、チャンスが来ても逃していたに違いない。チャンスが来てもそれをチャンスとして気づけなかったかも知れない。普段から一生懸命やっているからこそ、チャンスをチャンスとして捉えることができた。努力し苦労することは、チャンスを見る目を育てるのだと思う。

私は、30歳になるまで、「模範的なサラリーマン」だったと自分では思っている。しかし、30歳の時に「この野郎！」と思うあることがきっかけで、「人生は自分で創るものだ」ということに気がついた。大学を出て安定した大企業に就職し、それまでは仕事にやりがいを感じていたのだが、「このままでは将来間違いなく後悔する。人生は自作自演のドラマなんだ」と気づいてからは、いかに生きるべきかを真剣に考え、あがき続けた。

会社を辞めて食べていくために30歳から司法試験の勉強を始めたが、初めて択一の願書を出した33歳のとき、たまたま日経新聞に載っていた三井銀行の中途採用募集広告を見つけ、勤めていた帝人から三井銀行に転職し、まだ日本ではほとんど専門家のいなかったM&A（企業の合併・買収）の世界に入った。ニューヨーク駐在の時代には20代のアメリカ人に混ざって38歳でニューヨーク大学の夜のＭＢＡコースに通い、日本に戻ってからは銀行に勤めながら44歳で東京工業大学で博士号も取得した。他の人からは、「なんでそんなことをやるの?」と不思議がられるようなことばかりを続けてきた。

振り返ると、私の転機はすべて、何か「この野郎!」と思ったことから始まっている。「この野郎!」と思って、何か出口はないかと考えて、もがき続ける。そうすることによって初めて新しい世界が見えてくる。事前に「こうすれば、こうなるだろう」という展望があるわけではまったくない。「面白そう」と思えることをやってきただけだ。だが、幸いそれが次の新しい世界につながっていった。愚痴るのではなく、もがいて新しいことに挑戦しつづけたことで、次が見えてきたのだ。当たり前のことだが、何かしたら何かが起こるし、自分が何もしなければ、何も起こらない。

98年にユニゾン・キャピタルを共同創業して以来、04年にＧＣＡ、07年にインテグラルを創業し、04年以降は起業した会社の経営と一橋大学大学院などでの教職の二足のワラジを履き続けている。それに加え15年からは、インテグラルが投資したスカイマークの会長としての仕事にも全力投球している。実は、事業会社の経営に現場で直接携わるのは、私にとって初めての経験だ。60歳を過ぎての新たな挑戦ということになるが、人生を三段跳びに例えれば、私自身はまだホップ・ステップ・ジャンプの「ステップのス」の段階にいると思っている。ジャンプにいくのはまだまだずっと先の話だ。

今の時代、人は100歳まで生きることを前提に人生を考えるべきだと思う。だとしたら、60歳で現役引退などと言ってはいられない。60歳で引退したならば100歳までの残りの40年が「余生」になってしまうが、40年は余生として過ごすには長すぎる。人生は、100歳まで元気に生きられたならという前提で見据え、自分が本当にやりたいことを自分に問い続け、常に「面白そう」なことを追い求めるべきだと思う。

最も長く選手としてプロ野球の世界に身を置き、いま新たな世界に乗り出した山本さんと私の話を通じ、「生涯現役」として生きるための何らかのヒントを見出して頂ければ幸いである。

生涯現役論——目次

はじめに　佐山展生　3

第1章　下積みを耐え抜いた先にチャンスがある　15
「怪童くん」の陰に隠れ、補欠に
ライバルY高
チャンスは突然やってきた
ドラフト大豊作の年
周囲との差に絶望
アメリカ行きを通告されクビを覚悟
生涯の恩人との出会い
シーズン途中で強制帰国
「本当のプロ野球選手」になった瞬間
チャンスに備えれば人生は充実する
30歳手前で芽生えたエースの自覚

「もっともプロに入ってから伸びた選手」
工藤氏の後を継いで、自分が先頭に
人間はいくつになっても10年後より10歳若い

第2章　好きな仕事だからこそ、やるべきことをやる

好きな仕事だからこそ、やるべきことをやる　63
初登板の苦い思い出
「クビ」はこうして伝えられる
感覚論にも一理ある
途中でやめるから「無駄」に思える
イチローに電話で伝えた「50歳までやる秘訣」
「悔いはある、でも後悔はしていない」
ラジコンで学んだ「突き詰め方」
富士山の頂上で見た光景
常にギリギリじゃないと頑張れない

第3章　才能の伸ばし方　96
いい指導者とは
胸に刻んだ落合監督の言葉
経営者は私利私欲を持つなかれ
緊張感は、勝負している証拠
20代で経験した下積みの重要性
一流のアマチュアに、二流のプロはかなわない
頭で取った最多勝
成功確率5％以下の転身
10年後に後悔しないための決断
第4章　勝負の流れを読む　132
「やり残したことはない」と思ってマウンドに上がる
勝利を呼び込むためにゲン担ぎも

勝負の流れが変わる瞬間
勝負に関わる者は麻雀をやるべし
「君たちには時間がない」
時には席を立つ勇気を
寸分たりとも気を抜けない
ピンチの時こそど真ん中に投げる
相性の悪いバッター、良いバッター
「自分のため」が「チームのため」につながる
ＦＡ宣言をしなくてよかった
「やりこむこと」が力を伸ばす
後悔を減らすために努力する
大谷翔平の頭の良さ

おわりに　山本昌　186

第1章　下積みを耐え抜いた先にチャンスがある

「怪童くん」の陰に隠れ、補欠に

佐山　編集部から提示された対談テーマは「生涯現役論」。山本さんの野球人生を振り返りながら、ビジネスマンでも長く一線級で活躍するためのヒントを探っていこうという趣旨です。

山本さんは2015年のシーズンまで、32年間現役を続けられました。引退時の年齢は50歳で、これは日本のプロ野球選手の最年長記録です。その他にも、最年長でのノーヒットノーラン（41歳1カ月）、最年長での勝利（49歳0カ月）など、いろいろな最年長記録を持っておられます。現役時代通算で219勝、最多勝利を3回、最優秀防御率や最多奪三振のタイトルも獲得し、先発ピッチャーの勲章である沢村賞も受賞された経験をお持ちです。まさに実力と実績を兼ね備えた「球界のレジェンド」と言われるのに相応しい活躍ぶりで、直接お話ができるのを楽しみにしていました。今日はどうぞよろしくお願いします。

山本 私の話がどれだけビジネスマンの役に立つかわかりませんが、よろしくお願いします。佐山さんも野球をされていて、高校時代は甲子園の手前まで勝ち進んだそうですね?

佐山 ええ。私が所属した京都の洛星高校は、進学校ですが結構強いチームでした。最後の夏は3回戦でその年の優勝候補ダントツの大谷高校に2－0で勝ち、3連戦の準々決勝で花園高校と当たりました。

当時の花園高校は、のちに大洋ホエールズに入団する斉藤明夫投手も1年下でベンチにいるという好チームだったのですが、私たちは7回表まで6－0でノーヒットノーランで勝っていたんです。しかし7回裏を迎え、相手が急にバットを振らなくなりました。主審がきわどいコースのボールをことごとくストライクに取ってくれなくなったのです。7連続フォアボールとヒットで6－6の同点に追いつかれてしまいました。その後、こちらも勝ち越し点を取ったのですが、最終的には9回裏にレフト前タイムリーを打たれて逆転サヨナラ負けを喫してしまいました。

ただ、7回にフォアボールを連発したのも、きわどいコースをすべてボールにされたから。洛星の西野監督が試合後に審判に確認に行くと、「全部ボール3分の1はずれてた」とのことでした。花園は古豪で、洛星は硬式になってまだ3年目の新興校でした。私たちは、いまだにあの試合は審判のせいで負けたと思っています（笑）。まあ、この話をすると30分ぐらい止まらなくなるので、やめておきましょう。

ところで、山本さんが野球を始めたのはいつだったのですか？

山本　小学校3年生ですね。当時は、ほとんどの少年が野球を経験する時代で、各クラスに野球チームがあったんです。だから練習場所の確保にも苦労しました。団地の敷地内にある公園で練習して、ガラスを割って弁償することもしょっちゅうでした。

佐山　わかります。今はきちんとしたクラブチームがあり、父兄が運営を手伝っていますが、当時はそんなものはなかった。クラスのチームでは当然、山本さんはエースだったんでしょう？

山本　いえ、小学校も中学校も補欠の投手でした。小学校6年の時に横浜市から茅ヶ崎市に引っ越したのですが、そこには「怪童くん」と呼ばれる投手がいたんです。

普通、プロ野球に入るような選手は、子どもの頃から投げるのも打つのもうまいから、たとえ投手として出られなくても、どこかのポジションで試合に出られる。でも私は不器用だったから、ずっと球拾いでした。中学の最後まで背番号は10番（控え投手の番号）でした。

佐山　そうですか。では、どうやって上達していったんですか。

山本　「あいつに勝ちたい」という一心で、中学2年の時から、夕食後に毎日4キロ走りました。ついでに素振り100回もこなした。ピッチャーなので本当は必要ないのですが（笑）。要するに熱血少年だったのです。

するると、中学最後の大会の直前に、「怪童くん」が腰を悪くして、私に登板機会が回ってきたんです。結果的にあれよあれよという間に勝ち上がり、茅ヶ崎市で優勝して、学校として初めて県大会に出場できた。そこで活躍したことで、強豪の日大藤沢高校から声がかかったのです。

ライバルY高

佐山　公式戦経験がほとんどないなか、よく平常心で投げられましたね。

山本　もちろん、地区予選大会の決勝では、「こんな大事な試合に投げるのか。俺のせいで負けたらどうしよう」と完全にビビっていました。

自分たちに比べて、最近の若手は度胸がありますよね。2016年は中日ドラゴンズのルーキー、小笠原（慎之介投手）が、王者ソフトバンクを相手にデビューし、堂々のピッチングを見せましたが、よくあれだけ投げられたなと感心しました。単に物事を深く考えていないだけかもしれませんが（笑）。

佐山　私も最近の若い人には感心します。私が初めて公式戦の打席に立った中2の秋の新人戦の時は、相手チームのキャッチャーから「おい、足が震えてるぞ」と言われました。実際に自分で感じるくらい震えていました（笑）。

ただ、山本さんはちやほやされて育ったのではなく、きちんと下積みを経験している。あとから振り返っても、その経験が役に立ったのではないですか？

山本　ええ。よく頑張ったと思います。あの時、「怪童くん」に勝つことをあきらめていたら、もちろん今の自分はなかった。当時は教師になろうと思っていましたから、今ごろ教壇に立って「これが天職だ」と言っているかもしれない。

佐山　それはそれで見てみたい気もしますね。おそらく熱血教師になっていたでしょう。高校に進んでからはどうでした？

山本　パッとしませんでしたね。3年生が引退した後、秋になってようやく二番手ピッチャーとして背番号11をもらいました。それから徐々に試合に出られるようになったのですが、春の大会（センバツ）にむけた神奈川県大会準々決勝でY高（横浜商業高校）と当たり、私と先輩投手がめった打ちにあってしまったんです。

実は、この時のY高のエースは1年生で、奇しくも私と同期で中日に入団することになる三浦将明投手（ドラフト3位）でしたが、Y高はなんと、その三浦投手を温存してきたんです。僕らは「舐められた！」と発奮して初回に4点を挙げましたが、結局、取れたのはこの初回の4点だけでした。先輩投手も私もめった打ちにあって、4－14のスコアで大負けしてしまいました。

その試合から帰る時、先輩投手――今では前橋育英高校の監督をしている荒井直樹さん――が「夏の県大会ではY高を絶対に倒すぞ。明日から7時に来い。一緒に走りこみだ」と声をかけてきた。そこで翌日から毎日、早朝に6キロランニングをしてから授業に出るようになりました。

佐山　めった打ちにされた悔しさから、そうした自主練習を始めたのですね。

山本　まあ、初日は日大藤沢の男子用ランニングコース10キロを走っていたけれど、朝のホームルームに遅刻しそうになって女子用のランニングコース6キロに変えた、というプチエピソードはあるんですが（笑）。

ただ、荒井さんとはいつも、「このままじゃ甲子園に出られない！」とは言っていましたね。何かをせずにはいられず、誰に言われたわけでもないのに走り出した。すると、急に球が走るようになり、キレもよくなった。

佐山　でも、それだけハードワークをしていたら、帰ったらクタクタになっているのではないですか。

山本　家に帰って飯を食うなり、風呂にも入らず寝ていました。足は真っ黒、服も汗と砂にまみれている。こんな汚い格好で寝て、母親には迷惑をかけたなと思います。

佐山　ご家族は野球に対しては理解があったのですか。

山本　親父が、とにかく野球が大好きな人でした。平日・休日問わずいつも私の試合を見に来るから、友達から「お前の父ちゃん、働いてるの？」と言われる始末でした。父は保険会社に勤めていたんですが、当時は保険を契約してもらうと毎月、契約先の会社まで出向いて保険料を集めに行っていたんです。そんなこんなで外出は多いし、時間の自由もきいたんだろうと思います。

神奈川県から宮城県の東北高校に遠征した時も、まさかいないだろうと思ったら、朝イチでバックネット裏の一番いいところに陣取っていた（笑）。当時は恥ずかしかったのですが、今では感謝しています。

佐山　うちの親父も一人、練習まで熱心に見に来ていたので、気持ちはよくわかります。

チャンスは突然やってきた

佐山　その後、Y高には雪辱を果たすことができたのですか？

山本　2年夏の県大会ではまた準々決勝でY高に当たりましたが、2－3で負けてしまいました。荒井さんが前の試合で最後まで投げ切ったので、その試合は私が一人で投げました。この試合も本当に惜しくて、私は初回に3点を失ったのですが、2回以降は無失点だった。日大藤沢もY高のエース三浦投手を相手に10安打も放ったのですが、結局は1点足りませんでした。

自分の力が及ばなかったために、お世話になった先輩を、その試合限りで引退させてしまった。ゲームセットの瞬間から、涙が止まらなくなりました。その後のプロ生活を含めても、野球で一番泣いた日だと思います。本当に泣くと人間って立てなくなるんですよ。

佐山　それは悔しかったでしょうね。私も高校野球をやっていたから気持ちはよく分かります。

そして高校3年も、残念ながら甲子園には出られなかったんですよね。

山本　ええ、春の選抜をかけた秋の県大会では、準々決勝で横浜高校にあたり、逆転負けしました。

この対戦、実は前日に雨でノーゲームになっていましたが、その時は日大藤沢が8－1でリードしていたんです。六回裏の攻撃中で満塁、カウントはノーストライクスリーボール。コールド勝ちはすぐそこでした。それがノーゲームになったわけですから、再試合の時のモチベーションは圧倒的に相手の方が高かった。

3年生の夏の大会では準々決勝で法政二高に当たり、1－0で負けました。結局、私がいた頃の日大藤沢はいつもベスト8止まりのチームですから、プロのスカウトは誰も試合を見にきていませんでした。

でも、ここで奇跡が起こりました。突然、高野連が神奈川県選抜チームをつくり、韓国選抜チームと戦うことになったのです。県の選抜チームがつくられること自体とても珍しいことだったのですが、私は代表の一員に選ばれました。
実は、神奈川県選抜のエースはY高の三浦投手だったのですが、彼は神奈川県選抜ではなく「日本選抜」に入ったので、私が繰り上がって先発することになったんです。そこでいいピッチングができたことで、初めてプロのスカウトに目をつけられました。
ちなみにこの年の夏の甲子園では、一年生の桑田投手と清原選手が大活躍したPL学園が優勝したのですが、決勝の相手が三浦投手を擁するY高だったんです。

佐山　なるほど。あの劇的な「PL旋風」の影響が、山本さんの人生にも及んでいたというわけですね。でも、中学最後に好投して日大藤沢から声がかかったのに続いて、今回もまた数少ないチャンスをものにした。どちらかが欠けていても、200勝投手山本昌は誕生していなかったわけだ。山本さんには野球の神様がついているのかもしれませんね。

山本　そうですね。親父も「お前は恵まれている」と言っていました。

佐山　そしていいよいよ、ドラフト会議の日を迎えるわけですね。

ドラフト大豊作の年

山本　ドラフト会議当日は、制服の袖にラジオのイヤホンを通して、授業中に中継を聞いていました。授業を聞いているふりして、ノートに指名された選手の表をつくっていましたね（笑）。

佐山　ずっと中継を聞いていたということは、少しは自分にも可能性があると思ったんですか。

山本　いやいや。単に野球が好きで、同年代の好選手がどのチームに行くか気になったからです。私の年は好選手の豊作の年で、後から振り返ってもプロで活躍した選手がたくさんいます。

佐山　例えば、どんな選手が指名されたんですか？

山本　パ・リーグだと、西武が渡辺久信投手（1位）と辻発彦選手（2位）。阪急の星野伸之投手（5位）、近鉄の吉井理人投手（2位）などがこの年です。セ・リーグは、甲子園で旋風を巻き起こした徳島・池田高校の水野雄仁投手が巨人の1位に指名されました。広島の2位が小早川毅彦選手。阪神は1位が中西清起投手で2位が池田親興投手。ヤクルトは1位が高野光投手で2位が池山隆寛選手です。

佐山　それは大豊作の年ですね。

山本　ラジオの中継は2位指名までだったので、その後は真面目な顔で授業を聞いていたのですが、5時間目の途中に教頭先生が教室に来て、「山本くん、ちょっと」と言うから、なんだろうと思って。

佐山　何か悪いことしたかな、と（笑）。

山本　校長室に行ったら、「中日ドラゴンズが山本くんを5位で指名したよ」と告げられました。思わず「え、プロですか！」と声が出てしまった。うれしかったのですが、一方で「私のような者が行くべき場所ではない」とも思いました。日本大学への推薦も決まっていたので、なおさらでした。

しかも、これにはけっこう複雑ないきさつもありまして……。私には東京六大学からの話も来ていて、六大学リーグで試合をしてみたい、という思いも持っていました。慶應は夜間部で法政は昼間とのことだったので、「だったら法政かな」なんてワクワクしていたんですが、実は日大から「山本君がウチに来てくれるなら3人取る。でも山本君が来ないなら1人しか取らない」という話が持ち込まれた。野球部の部長からそんな話を聞かされたら、日大を選ぶしかないじゃないですか。つまり、私が日大に進学しなければ、2人の野球部員が進路を失う可能性があったんです。

佐山　それは18歳の青年には酷な決断ですね。山本さんの試合をいつも見に来ていたお父さんはどうおっしゃったんですか？

山本　鋭い質問ですね（笑）。実は親父は長野県出身で、昔からのドラゴンズファンだったんです。だから帰宅するなり、ニコニコしながら「どうするんだ？　どうするんだ？」と弾んだ声で聞いてきた。それに対して私は「行かないよ」と言いました。プロは俺みたいな選手が行くところではない。せっかく推薦がもらえたんだから、大学ぐらいは出ておきたい、と。

それから1週間、「どうするんだ？」「行かない！」とのやりとりを毎日繰り返していました。でも最終的には、これまで一生懸命応援してくれた感謝の思いから、親父のためにプロに行くことを決断しました。「行こうかな」と言った時は、本当に嬉しそうな顔をしていましたね。振り返ってみれば、あれが一番の親孝行だったかも知れません。

周囲との差に絶望

佐山　そして1984年春のキャンプで、初めてプロの練習に参加するわけですね。当時の印象はどうでしたか。

山本　「やっちゃった……」と思いました。来てはいけない場所に来てしまった、と。

佐山　周りがとんでもない球を投げているところを見たとか。

山本　そのとおりです。初日のブルペンで小松辰雄投手、牛島和彦投手、郭源治投手、鈴木孝政投手の4人が投げている様子をのぞき見したのですが、4人とも見たことのないような球を投げていました。もちろんテレビでは見たことがあったわけですが、実物のすごさに本当に膝が震えました。キャッチャーの捕球音も、これまでの世界とは段違い。漫画で見るよりもすごい世界が眼前に繰り広げられていたのです。「これはダメだ。自分は一生1軍には上がれない……」と初日で絶望しました。

佐山　普通、あまりにも大きな壁に直面すると、やる気をなくす人も多い。でも山本さんは、それでも反骨心を持って練習したわけでしょ？　当時はどういう心境だったんですか。

山本　やる気も何も、最初は練習についていくのに必死で、考える暇なんてありませんでした。高校の1日のトレーニングが、プロではアップ（準備運動）ぐらいでしたから。

　練習に慣れてくると、プロのレベルがわかってきたのですが、やはり初日の直感どおりでした。家族や恩師、友人が「頑張れ」と言って送り出してくれたので、練習をサボるという選択肢はありませんでしたが、とにかく自分の実力では通用しない。

そして、その予感は的中しました。最初の4年間はほとんど1軍で投げられませんでした。1軍でのトータルの試合数が4試合で、防御率は19点台です。ちなみに200勝した投手で、5年目に入るまで0勝という人は他に誰もいないんですよ。

5年目のシーズンに入り、そろそろクビが寒くなってきた頃、当時の星野（仙一）監督から「アメリカに行け」と言われたんです。

佐山　1988年、ドジャースへの野球留学ですね。

アメリカ行きを通告されクビを覚悟

山本　5年目のシーズンは「今年で最後」と思って臨みました。春先から調子がよく、オープン戦の開幕投手にも選ばれたのですが、その試合でなんと初回に7失点してKOされてしまいました。キャンプ地に帰ると星野監督に呼ばれ、「死ぬまで走っとけ」と怒鳴られました。

やむを得ず午後4時から8時過ぎまで、400メートルトラックを黙々と走っていました。日が暮れてからマネージャーが止めにきて、ようやく終わることができました。

佐山　一体、どれくらいの距離を走ったんですかね。

山本　フルマラソン以上は軽く走ったでしょうね。最初は監督が見ていたから手も抜けませんでした（笑）。

それでホテルに帰ったら、マネージャーから「監督の部屋に行け」と言われました。「4時間走って、まだ怒られるのか……」と落ち込んで、自分の顔を両手でバチバチ叩いて気合いを入れてから部屋に入ったんですが、監督は意外と優しい顔をしていた。そして「お前、今年はどうしたいんだ？」と聞いてきました。

私が「1軍で投げたいです。（当時、中日が1軍キャンプを行っていた）アメリカに行きたいです」と答えると、星野監督は「わかった」とうなずき、「お前をアメリカに連れて行くから、シーズンが終わる11月まで、アメリカで野球をしろ」と告げた。

最初は何のことかわからなかった。オープン戦でいきなりノックアウトを食らって2軍送りになったわけじゃないことは理解したのですが、まだ2月だったのに「11月までアメリカにいろ」ということは、日本のシーズンでは投げなくていい、ということです。つまり、シーズンの戦力としては期待されていない。

「帰国したらクビだろう。終わったな」と思いました。

佐山　まさに絶体絶命の状況ですね。でも、２軍送りじゃなくて、どうして「アメリカにいろ」ということになったんですか？

山本　先輩選手には、その年に中日がドジャースと提携して交換留学の制度を作ったので、それで選ばれたんじゃないか、と言われました。まあ、交換留学なんて言うと仰々しいですが、ドジャースのオーナーだったピーター・オマリーさんと星野監督がすごく親しかったので、たぶんノリで「誰か送るよ」みたいな約束をしちゃったんだと思います（笑）。かといって、１軍ですぐに戦力になる奴を出すわけにもいかないから、私に白羽の矢が立った。何年か前に星野監督に聞いたら、「マサのことは捨てた」とはっきりと言ってました。

佐山　でも、それが良かったんですね。アメリカでの生活はどのようなものでしたか。

山本　当初は最悪な気分でした。１軍の選手と一緒にアメリカに行って、みんな私を残して帰ってしまうわけです。その時は空港まで見送りに行きましたが、みんな同僚との談笑に夢中で、誰も手を振る私の方を振り向いてくれない。冷たいなあ、と思いました。そしてふと、悔し涙が出ました。

大リーグは、野茂英雄投手の活躍以降、日本でも近いものになりました。イチロー選手もダルビッシュ投手も頑張っているから、日本でも大きく報道されている。でも当時は、大リーグのことなんて誰も興味ない。スポーツ新聞でも、ワールドシリーズ優勝のニュースが5面の端っこにスコアだけちょこっと載るぐらいで。

佐山　隔世の感がありますね。

山本　私も英語が話せるわけではなかったので、ジャングルに放り込まれたような気持ちでした。また、当時はまだ差別があったんです。

佐山　具体的にはどんな差別が？

山本　白人の選手は黒人やヒスパニックの選手と付き合おうとしないんです。ただ日本人は、中途半端な立ち位置なだけに、どちらからも好かれました。礼儀だけはしっかりしていましたから。

佐山　80年代のアメリカは、まだそんな感じでしたね。

山本　現実問題として、中南米系には育ちがよくない選手も多かった。18歳の選手が人のものを盗んだり、みんなが食堂でご飯を食べていると素っ裸で近づいてくることもありました。だから、いろんなところで軋轢が出ていたのを感じました。

佐山　そのときは、どうモチベーションを維持したのですか。

山本　モチベーションなんて、まったくなかったです。とにかく飛行機を見てばかりでした。フロリダにはJALなんて飛んでいませんでしたが、飛行機を見ながら、「あれはJALかな、乗ったら日本に帰れるかな」と思っていました。いわば人生でどん底の時期でした。

日本と違って、アメリカでは全体練習を午前中にしかやりません。午後の練習は各自に任されている。だから最初の2週間ぐらいはどうにもやる気が出ず、昼からは部屋に戻って昼寝をしていました。

生涯の恩人との出会い

佐山　そんな停滞した野球生活を打破するきっかけは何だったのですか。

山本　恩人との出会いが人生を変えました。アイク生原さんという、ドジャースのオーナー補佐をされていた方です。今振り返ると、アイクさんはすごい人でした。もともと亜細亜大学の監督として、野球部を3年間で3部リーグから1部リーグまで引き上げた実績の持ち主です。

しかし1部に上がると、甲子園常連校から有力選手が入ってくるようになる。アイクさんは「自分の力では、このレベルの選手は指導できない」と感じ、指導者修業のために単身渡米したんです。最初は球団の下働きとして雇われ、選手のスパイク磨きから掃除・洗濯までしていたそうです。大学野球の監督が、ですよ。根っから叩き上げの人なんです。

そうした中、ピーター・オマリーさんに見出され、ドジャースのフロント入りしました。やがてオーナー補佐まで出世し、日本野球界との窓口になりました。当時は王（貞治）さんや長嶋（茂雄）さんも、アメリカで何かをしたいときはアイクさんに連絡したそうです。日米野球の架け橋になった功績から、いまでは野球殿堂入りしています。

ただ、当時の私は、そんな人とは知らなかった。単なる「背の低い背広のおじさん」という印象でした。しかも、なんだかんだと技術面でも生活面でも文句をつけてくる。「なんでプロの俺が背広を着た人に教わらないといけないのか」という気持ちでした。

でもアイクさんの言葉は、私の反発を跳ね返すほど熱心だったんです。

佐山　具体的には何を教わったのですか？

山本　「上から投げろ」「前で放せ」「低めに投げろ」など、基本的なことを繰り返し指摘されました。最初は「そんなの言われなくてもわかってる」という気持ちでしたが、熱い言葉の数々に次第に心を動かされ、腐っている自分を恥ずかしく思うようになりました。

その中で、一つのアドバイスが転機をもたらしました。当時の私の球種は、真っすぐ（ストレート）とカーブとスライダー。アイクさんは「これだけでは勝てない。もう一つ新しいボールを覚えるべき」と言って、フェルナンド・バレンズエラやサンディー・コーファックスなど、数々の名投手のところに私を連れて行ってくれた。

でも、私は何一つ会得することができませんでした。バレンズエラは、背は私よりも低いんですが、指がすごく長くて、僕らがピンポン球を挟むような感じでボールを握っている。スクリューボールを投げると、あり得ないような軌道で曲がっていくんです。とても真似なんかできるものじゃない。

「何か覚えなきゃ」と焦っていた5月、チームメートの内野手が外野でキャッチボールをしながら、遊びで面白い変化球を投げている様子を目にしました。そこで彼に教えてもらい、試しに投げてみたところ、思ったより曲がったのです。

当時の私は敗戦処理（大勢が決まった試合で登板する投手）で、そんなに重要な場面で投げることもなかったので、翌日の登板で早速その変化球を試そうとしました。マウンドに上がった時に、キャッチャーに英語で「新しいボールを覚えたから、サインを出してくれ」と言って。

するとキャッチャーはOKと言い、ホームベースに戻って行きました。実際に彼は、ツーアウト2塁3塁で4番バッターを迎え、ツーストライクワンボールという勝負どころで新球のサインを出したんです。その4番バッターは右打ちの黒人で、喧嘩したら絶対勝てないような巨漢でした。私は内心、「何を考えているんだ!」と思いました。生まれて初めて実戦で投げるんだぞ、と。でもここで逃げたらダメだと思い、渾身の力で投げました。すると三振が取れたんです。

佐山　有名な「スクリューボール」ですね。ちょっと握りを教えてもらっていいですか?

山本　佐山さんは野球が本当に好きなんですね。このように握り、ボールを中指と薬指の間から抜くんです。

実は、これもある種野球の神様の思し召しかなと思うんですが、この時の球はショートバウンドに近い低めに行ってくれたんです。もし、これが真ん中高めに行ってホームランでも打たれていたら、「やっぱり使えないか」とスクリューボールの習得をやめて

スクリューボールの握り

いたかも知れません。
そもそも論で言えば、ブルペンですらろくに投げたことのない球を実戦でいきなり投げたりしたら、日本だったらコーチに大目玉を食らっていたに違いありません。必死にもがき、這い上がるためなら何をしても許されるアメリカで野球をやっていたからこそ、私も「新しい球を試そう」と思えた。

シーズン途中で強制帰国

山本　スクリューボールを覚え、実戦で試しながら精度を上げていったら、徐々に重要な場面で投げられるようになり、先発ローテーションにも入りました。中4、5日でどんどん登板していったのです。
佐山　過酷ですね。アメリカでは試合の休みがほとんどないと聞きます。
山本　私が所属していたシングルAのフロリダリーグは、4月1日から8月31日までの5カ月で150試合を戦います。休みは2日ぐらいしかありませんでした。
佐山　おまけに国土が広いから、遠征のたびに長い距離を移動しなければならないですよね。

山本　ええ。マイナーリーガーは飛行機なんか使えませんから、すべてバス移動です。一番遠いところで片道5、6時間でした。それでもフロリダリーグは恵まれていました。もっと面積の広いカリフォルニアリーグは、片道24時間を超えることもあると聞きます。

佐山　そんな環境の中、山本さんはチーム内で信頼を勝ち取っていった、と。

山本　8月までに13勝を挙げ、チームでエース格になっていました。日本人として初めて、シングルAのオールスターゲームにも出たんです。

ちなみにその時、のちにメジャーで本塁打王になるサミー・ソーサと対戦しました。最近ドジャースの職員から、「マサさん、これ」といって、当時のスコアブックを見せられました。そこには相手の2番に「サム・ソーサ」と書いてあった。当時の彼はホームランバッターではなく、俊足巧打の盗塁王だったんです。指摘されて初めて、自分がソーサと対戦していたことを知りました。

チーム内では、次第にプレーオフ進出の機運が高まっていました。そんな中、アイクさんから急に電話がかかってきたのです。「日本に帰るぞ」と。詳しく事情を聞くと、ドラゴンズに故障者が出て、星野監督が穴埋め役として私を呼び戻すことに決めた、と告げられました。

佐山　それは嬉しかったでしょ。

山本　いや、逆です。「嫌です。帰りたくない」と答えた。

佐山　どうしてですか。せっかく日本のプロ野球の舞台に復帰できるのに。

山本　ちょっと感情的な部分もあって、「アメリカにこんな風に捨てていったくせに、今頃帰ってこいとは都合が良すぎるだろ」という気分でした。アイクさんにもそう言っていました。

でもね、星野監督本人から電話がかかってきてしまいました。「帰ってこい」と。

佐山　で、山本さんはどう答えたんですか？

山本　「帰ります」と（笑）。ほとんど脊髄反射です。とても口答えできる相手じゃないですから。

これは帰国後に聞いたのですが、シングルAでの私のピッチングを見て、大リーグのいくつかの球団から中日に獲得オファーが来ていたそうです。星野監督は「行かせろ」と言ったそうですが、中日の方では「大リーグが興味を示すほどの投手なら日本に呼び戻してうちで使えばいいじゃないか」ということになって帰国命令が出た、というわけです。

ともあれ、シーズン途中でアメリカを離れることになり、後ろ髪を引かれる思いで日本に向けて出発しました。果たしてこの経験は日本のプロ野球でも通用するのか。不安を抱えながらの帰国でした。

「本当のプロ野球選手」になった瞬間

佐山　後ろ髪を引かれる思いで日本に帰り、中日ドラゴンズにシーズン途中から合流したわけですが、久々の日本はいかがでしたか。

山本　確かに自分はアメリカで成長した。でも日本でも通用するのか本当に不安でした。アメリカのベースボールと、日本の野球は別のものだと思っていましたから。

ですが、帰国後最初の2軍戦で、アメリカと同じように打者を抑えることができた。それで自信がつき、8月下旬に1軍に上がりました。8月30日の広島戦でリリーフ登板して、プロ初勝利をあげました。その後は先発ローテーションに入って、9月9日の広島戦でプロ初先発して6回2安打無失点で2勝目、続く16日のヤクルト戦では初完投で初完封、リーグ優勝を決めた後のカープ戦では北別府学さんと投げ合ってシーズン2回目の完封勝利をあげるなどして、最終的には5勝0敗で防御率は0・55です。これまで

1勝もできなかったのに、無傷の5連勝でシーズンを終え、日本シリーズにも先発登板することができました。残念ながら日本シリーズでは勝てませんでしたが。

佐山　日本の野球ファンから見れば「いきなり、とんでもない投手が現れた」という感じだったでしょうね。

山本　そうかもしれません。「アメリカ帰りの逆輸入左腕」みたいな見出しがスポーツ新聞に躍っていましたね。

そのシーズンでの活躍が認められ、契約更改で給料は3倍になりました。それまでの私は、その年のルーキーとして入ってきた立浪（和義）選手の半分の年俸しかなかった。だから常に金欠で、1カ月が半分過ぎると100円しか手元に残っていないような生活でした。

それがいきなり「こんなに貰えるのか」という額の給料を手に入れた。たかだか2カ月くらいしか1軍で投げていないのに、ですよ。そこで「もっと稼げるように頑張ろう」という気持ちが芽生えました。その意味では、5年目のシーズンが終わって6年目のシーズンに向けた契約更改の日に、初めて私は「本当のプロ野球選手」になったのです。

佐山　それまでの山本さんの目標は「1軍に上がること」でしたからね。それが、チームの勝利に貢献して、どんどん稼ごうと思い始めた。

山本　ええ、それまでは「プロ」とは言えませんでした。

佐山　なぜアメリカに行ったことで、段違いの実力を身につけることができたのだと思いますか。

山本　アイクさんとの出会いももちろんですが、何より大きかったのは試合数です。アメリカでは25人のチームで150試合を戦います。だから、どんどん登板機会が与えられ、私も最終的に150イニングを投げられました。

一方、日本では1チーム70人のうち、1軍にいられるのはわずか28人。残りの40人以上で2軍戦のポジションを奪い合います。当時の2軍は80試合しかありませんでしたから、チャンスの数が話にならないほど少ない。

佐山　ほかにも経験が役立った場面はありましたか？

山本　ナイターに慣れたことも大きかったですね。フロリダは日中に野球ができないほど暑いですから、ほとんどがナイターの試合でした。

一方、日本の2軍戦はほとんどがデーゲームですから、多くの選手が1軍に上がって初めてナイターを経験するわけです。じつはナイターの試合は難しく、カクテル光線のためにキャッチャーが小さく見えたり、サインが間違って見えたりする。だから勝手の違いに戸惑い、制球を乱してしまうことが多い。

しかも私がアメリカで所属していたのはシングルAのリーグですから、電信柱にライトがついているだけみたいな暗い球場でもずいぶん試合をしました。そんな経験もあって、日本の立派な球場でナイターをすると、ものすごく明るく感じたんです。私が帰国後、スムーズに勝てたのも、アメリカでのナイターの経験が生きていると思います。

チャンスに備えれば人生は充実する

佐山　話を聞いていると、山本さんは中学生からプロ野球までずっと、限られたチャンスをものにし続けてきたんですね。その一つでもつかんでいなかったら、後の史上最年長のプロ野球選手は誕生していなかった。チャンスをつかめる人と、つかめない人の差は何だと思いますか。

山本　チャンスが来ているときに「今がチャンスだ」と気づくことは、まずありません。多くの人は、後から「あのときはチャンスだった」と気づきます。だから私は、いつチャンスが来てもいいように、ほとんどのことに手を抜きませんでした。

当時、プロ野球選手の間では、「ちょっとぐらい不真面目なほうが成功する」「真面目にガツガツやるやつは伸びない」という風潮があったんです。私も先輩から何度も「そんなに真面目にやっても上達しないぞ」と言われました。でも私は、「そんなことない」と思って練習していました。だって、準備不足で目の前のチャンスを逃すなんて嫌じゃないですか。

私はあくまでも幸運に恵まれただけで、60歳になってもチャンスが来ない人もいると思います。でも、だからといってぼうっとしているよりも、チャンスを期待して準備をしていたほうが人生は充実します。

あと、一生懸命やっていると誰かが見てくれます。私の場合は星野監督やアイクさんに助けられましたが、人から可愛がってもらえる存在になっておくことも大事ですね。

佐山　同感ですね。さらに言えば、チャンスはボーッとただ単に何かいいことないかと待っている人のところには来ない。貪欲《どんよく》に狙っている人のところに来る。「何かやってやる」という姿勢を持ち続けることが大切だと思います。現に山本さんも、同僚がキャッチボールをしている様子を見て、「何かに使えるかもしれない」と投げ方を聞いたからこそ、武器を手に入れたわけですから。

アクションの頻度も重要です。チャンスだと思って挑戦しても、空振りすることがほとんど。しかし「どうせ当たらないから」と思って動かなければ、成功確率はゼロ。挑戦した場合、100回に1回は当たるかもしれませんから。

山本　ただ、それだけ真剣にやっていれば、失敗したときの落胆も大きい。私もプロで通用しないことが悔しくて、アメリカに行く前はずいぶん泣きました。

佐山　悔しい気持ちは大事なんです。みんなからチヤホヤされ、悔しい思いをする機会が少ないと、どうしても現状に満足する。すると現在の延長線上でしか人生が進んでいきません。「この野郎！」と何回思えるかが重要です。

山本　「この野郎！」と思う人なら、会社でも窓際にはならないと思います。そう思う人は現状に対して、なんらかのアクションを起こしますからね。一方「俺はいいや」と思った瞬間に、つまらない人間になってしまう。

佐山　「この野郎！」と思うか、現状に愚痴を言うだけか、その差は大きいですね。山本さんも、監督に「この野郎！」と思ったことも多いんじゃないですか？

山本　そりゃ、しょっちゅうですよ。でも、一生懸命食らいつきましたね。叱られることは日常茶飯事でしたが、叱られるとちょっとホッとするんです。「あ、まだ使ってもらえるんだな」と。

佐山　どうでもいい人には何も言わなくなりますからね。

山本　私はやはり、性根が野球選手なんでしょうね。星野監督からはいつも叱られましたけど、ミーティングでも必ず前の方に立ち、逃げることはしませんでした。

だからこそ、試合で使ってもらえたのだと思います。野球選手にとってのご褒美は、何よりもスタメンの表に名前を書いてもらうことですから。いまの子にこんなことは通用しないかもしれませんが。

佐山　いえ、若い人にとっても重要ですよ。厳しくすると折れてしまう人もいるかもしれませんが。私自身、野球部時代に監督から厳しく指導されなかったら、今の自分はないと断言できます。後輩の洛星野球部のメンバーにはいつも、「高校3年の夏の大会が終わるまで続けろ」って言ってるんです。

30歳手前で芽生えたエースの自覚

佐山　その後、山本さんは順調に勝ち星を重ね、93、94年には2年連続で最多勝を獲得するなど、中日のエースへと成長していきます。
その中で、星野監督から高木（守道）監督へと代わっていきますが、上司が代わっても結果を出し続けたのには、何か工夫がありましたか。

山本　いくら勝ち星を重ねても年齢の差は縮まりませんから、星野監督からはずっとハナタレ坊主のように扱われていました。

一方、92年に就任した高木監督は、私を大人扱いしました。若手が集められるミーティングには「お前はいいよ」と言って呼ばれなかった。私自身も30歳手前に差し掛かってきた頃でしたから、チーム内でのエースとしての責任が芽生えました。

振り返ってみると、最初が星野監督で自分が結果を出すようになったタイミングで高木監督に代わったことは、私にとってはよい成長の機会になったと思います。高木監督は、良い意味で選手を大人扱いしてくれます。中堅の選手として、自分がさらに成長していくためには、いつまでも監督の言われたとおりにやっているだけではダメで、自分自身で主体的に考え、行動しなければならない時期にかかっていたんです。

ただ、監督が代わっても私のやることは変わりません。チームが優勝するため、自分が稼ぐため、勝って喜ぶために頑張る。私にとって野球は「一番の趣味」なので、それを楽しむために努力は惜しみませんでした。

佐山　興味深いですね。山本さんがエースの自覚を持ったのと同じ年頃、私も30歳でやっと大人になったんです。

野球は「言われたことをきちんとする」スポーツです。ピッチャーはベンチとキャッチャーのサインを見て投げ、バッターは１球ごとに監督のサインに従う。守備でも場面ごとに何をするか決まっている。だから野球部出身の私は、上司から言われたとおりに決まったことをきちんとやる癖がついたまま社会に出ました。自分で言うのもなんですが、20代の私は模範的なサラリーマンでした。

しかし30歳のときに「世の中、自分で考えないといけない」と気づいた。組織で頑張っても評価されるとは限らないし、指示に従うだけではなく、自分で考えて生きていかなければいけないことに気がついたのです。50歳を過ぎて組織から「君はいらない」と言われても、そこから何を始めればいいのでしょう。時間は取り戻せません。そこで、50歳過ぎくらいまでは安定しているが、いくら頑張って実績をあげていたとしても、年を重ねてから外に出されても文句を言えない大企業で生きていくことをやめることにしたのです。

山本　それはすごいですね。私は50歳でやっとやめる決断をしましたから。

佐山　いや、山本さんの場合は、継続してきたことが立派なんです。特に山本さんは、現役時代に何度もケガをしていますが、気力を絶やすことなく、その都度克服していますから。高校・大学で活躍して、期待されてプロに入っても、ちょっとしたケガやスランプで落ち込んでしまい、芽が出ないまま去って行く選手も多いのに。山本さんは、若い頃から苦労している分、ケガをしても克服しようとする気概がある。敬服しますよ。

山本　ケガはしないに越したことはありません。私も肩を痛めたことはありませんが、ひざや足首の故障には苦しめられました。

佐山　故障をできるだけ少なくするために、毎日トレーニングをされていたそうですね。

山本　ええ、95年に鳥取にあるトレーニング施設「ワールドウィング」の小山裕史先生に師事するようになってからは、ほぼ毎日トレーニングをしています。

佐山　今日、初めてお会いして、体格の良さに驚きましたが、肩の可動域も常人離れしていると聞きました。

山本　そうですね。大谷（翔平）投手や藤浪（晋太郎）投手など、一線級で活躍する投手は皆、肩が柔らかい。可動域は鍛えられるんです。小山先生のところに通い始めてか

ら、股関節の可動域も広がりました。「人間にできないことはない」が私の持論です。

「もっともプロに入ってから伸びた選手」

佐山　山本さんには、ピッチング技術に関するマニアックな探求心はもちろん、人間の身体に対するあくなき探求心があります。しかも、決して野球だけに止まらず、他のスポーツや他の分野からも学ぼうという姿勢がある。この対談をお受けいただいたのもその一つかも知れませんが、なぜそこまで探究心や学びの姿勢を持ち続けられるのですか。

山本　エリートとしてやってこなかったからこそ、自分の伸びしろを信じているんです。一つ自信を持って言えるのは、私が日本の野球史上、「もっともプロに入ってから伸びた選手」だということです。

先日、二十数年ぶりにドラゴンズの先輩選手にお会いしたのですが「俺は世界の七不思議よりも、お前が不思議だ。入ってきたときのお前を見たときは、プロで勝てるなんて絶対に思わなかった」と言われました。私は常に「もっと上があるんじゃないか。これが本当に精いっぱいなのか」と思っています。投手の究極形態は、1点も取られないで全勝することだと思いますが、そんなピッチャーはいません。

しかも実際の私はずっと下の方でやっていましたから、まだまだ上がる余地はいくらでもあると思える。だからいつまでも、上達を探求しているのだと思います。

佐山　素晴らしいですね。ベテランになっても勝ち続けることができた理由も、そこにあったのでしょう。

山本　実は引退した2015年まで、「今の自分の技術が、今までで最高」だと思っていました。確かに体力は落ちたけど、技術はどんどん上がっている。私が人生でいちばん良いフォームで投げていたのは50歳の時です。50歳のフォームで若い頃の体力があったら、シーズン20勝以上は確実にしていたと思いますね。

15年で引退したのは自分の限界を感じたからではなく、チームメートのベテラン選手が続々と引退したからです。私は今から現役復帰しても、何勝かはできると確信しています。

佐山　プロ生活を振り返る中で、特に体得して役立った技術はなんですか。

山本　一つはカウントの取り方ですね。「このバッターでこの試合の流れなら、ど真ん中に投げても大丈夫だ」といった感覚がつかめるようになりました。若い頃はすべて全力投球していましたが、試合の流れが見えるようになったことで、体力を温存しながら投げられるようになったのです。

また、9割の力で投げることも覚えました。8割の力では打たれる、10割の力ではすぐにへばってしまう。だから、9割がちょうどいいのです。なぜかといえば、9割で投げれば、一つギアを隠し持てます。ピンチのときにはギアを上げ、より力を込めて投げることができる。そうすると相手は面食らいます。大リーグで活躍するダルビッシュ投手は、二つぐらいギアを隠しているように感じますね。

一方、面白いことに、一つの技術を意識すると他のところに皺寄《しわよ》せがいくんです。新たなフォームや変化球に挑戦し「これはいいぞ」と思っても、どこかで身体のバランスが崩れている。これには気をつけなければならない。

佐山　この前、イチロー選手と稲葉（篤紀）さんの対談を見たのですが、イチロー選手が同じことを言っていました。以前、筋トレをして筋肉をつけた結果、身体のバランスがおかしくなった、と。

山本　トレーニングはやればいいわけではなく、自分の体に合ったメニューを消化しなければいけません。そうしたことを意識しながら、マニアックに身体の動きを研究した結果、今では投手のフォームを見ただけで、どんな球種を投げられるか当てられるようになりました。「この投手には投げられない」と思った球種を実際には持っていたとしても、たいして変化しない。なぜわかるかと言えば、私自身が自分に合った変化球を試し続けてきたからです。

佐山　まさに求道者と呼ぶのにふさわしいですね。

山本　研究を重ねれば、面白いことに言葉で自分の調子を説明できるようになります。93、94年に連続最多勝を取ったときは「今日はなぜか調子がいい、絶対に打たれない」という試合があった一方で、調子が悪いときは打たれだしたら止まりませんでした。

一方、小山先生に教えを受けるようになってからは、「体がこの状態だから、調子がいい」と理由がわかるようになった。すると、調子が悪くても頭で考えることで、影響を最小限に食い止めることができるんです。だから、97年の3度目の最多勝は「頭で取ったタイトル」と言えます。

ただし、昔のような「突き抜け感」はなくなり、「絶対に勝てる」と確信する試合も少なくなりました。調子の波が小さくなったとでも言いましょうか。

佐山　「突き抜け感」は若いうち特有の感覚だと思いますが、それがなくなることに寂しさは感じませんでしたか。

山本　まあ、調子が分かるのも良し悪しだと思います。ただ、それができたからこそ、40歳を過ぎても調子を見ながら何とか投げられるようになった。結果的に、選手寿命を延ばすことにつながったと思います。

工藤氏の後を継いで、自分が先頭に

佐山　山本さんは40歳を過ぎても、キャンプは必ず2軍からスタートし、親子ほど年の離れた若手選手に交じって、基礎練習を積み重ねていました。これが選手寿命を延ばした一因になったのではないですか。

山本　ええ、間違いなくそれはあります。私が意識していたのは、若手と同じ本数を走ることでした。スピードはかないませんが、本数をこなすだけならできる。これによってシーズンを通して戦う基礎ができたと思います。

実は40歳を過ぎてから、休むのが怖くなり、いつも体を動かしていないと落ち着かなくなりました。常に油をちょっとずつ注いでいないと、すぐに錆び付いてしまうような気がしたのです。特に45歳を過ぎてからは生活のすべてを野球に捧げ、大晦日も元旦もトレーニングをしました。

佐山　何歳まで現役でいたい、という目標はあったのですか。

山本　年齢の目標はありませんでした。ただ、どのシーズンも一貫して「優勝したい」と思っていました。それも「自分が活躍して優勝する」ことが目標でした。

私もプロですから、自分が活躍しなければつまらない。なかなか1軍で勝てないシーズンは、チームも優勝するなとさえ思っていました。だから、どのシーズンもモチベーションが下がることはありませんでした。

佐山　そんな山本さんは、若手選手にとっては生きたお手本ですね。投手のフォームを見ただけでどんな球が投げられるかわかるならば、コーチは適役じゃないですか。

山本　いやいや、見えるのと教えるのは違いますから。ただ、伝えられることがあるとすれば、「50歳になっても、人間やればできる」ということです。

現役生活の間、私の前には常に工藤（公康）さんがいました（工藤氏は2011年に48歳で現役を引退）。しかし気づいたら私が先頭に立っていて、それからは自分が道を切り開いてきた自負がある。だからこそ、選手のみならず、一般の人にもこのメッセージを伝えたいですね。

佐山　たしかに一般の50歳を見ると、すでに終わっている人も結構いますからね。

山本　そうなんですよ。毎年、中学・高校の同級生と会うのですが、特に中学の同級生で地元に就職したような連中は、ボサボサの身なりをして会場に現れて、「お前、大丈夫か？」と思うことも多い（笑）。地元から一歩も出ないと緊張感がなくなるのかもしれません。電車通勤をしている高校の同級生の連中は、まだパリッとした格好をしていますから。

佐山　私の同級生もそうです。60歳を過ぎてますから、「やっと定年だ。これで趣味に生きられる」と言う人もいますが、会社に仕事人生の終わりを決められることはないですよね。それだけ元気なら何か仕事を続ければいいのに、と思います。

山本　私は何歳になっても、できるだけグラウンドに立っていたい。ドラゴンズOBには杉下（茂）さんという大先輩がいます。90歳を超えておられるのに、キャンプに臨時コーチとして出向き、3時間もブルペンに立って指導している。身長は185センチ、手は私よりも大きいぐらい。はっきり言ってバケモノです（笑）。ああいう人がいるので、自分はまだまだ老けこめないと思います。

佐山　野球殿堂入りを果たした名投手ですね。あの年代の人としては、異例の体格です。

山本　だから私は、何歳になっても、「やればできる」と思うのです。若い頃と同じように身体は動かないかもしれないけど、少しずつ慣らしていけば案外できることは多い。

佐山　山本さんは、「第二の人生」の目標はあるのですか。

山本　明確な目標はまだありません。現役を引退し、今度は野球を伝える側になったので、まずはきちんと伝えられるようになりたいと思います。

佐山　期待しています。中継を観る側からすると、解説者によって満足度が全然違うんです。「ここは打ってほしいですねえ」といった感覚的なことしか言えない人もいれば、きちんと理論立てて話せる人もいる。

以前、阪神OBの岡田（彰布）さんの解説で、「へえ〜、プロってそこまで考えてるんだ」と驚いたことがありました。山本さんも「プロはこの場面で何を考えているのか」といったことを説明されれば、解説者の中で差別化できると思います。

山本　現時点では投手のことは何でもわかるのですが、野手の打撃や守備がわからないんです。現役の間はキャッチャーの方を向いていますから、背後で野手がどのように動いているか見えませんでした。

今、あらためて解説席からグラウンド全体を見て「あ、こういう風に動いていたんだ」と発見することも多い。前進守備一つとっても「こんなに前に来てるのか」と驚きました。こうした動きがしっかりと理解できるようになったら、もう一度ユニフォームを着たいと思います。

人間はいくつになっても10年後より10歳若い

佐山　なるほど、今は勉強中なのですね。でも50歳なら、まだまだ何でもできます。私は62歳（注・対談時点）ですが、常に「10年後よりも10歳若い」。山本さんも、10年後には60歳になっていますが、今は「まだ50歳」です。でも世の中のほとんどの人が、過去しか見ずに「もう50歳になってしまった」と思っていますね。

10年後にはやる気にならないことでも、今ならやれることは山ほどあります。人間はいくつになっても10年後より10歳若いんです。

山本　佐山さん、62歳に見えないですよね。髪の毛の立ち方とか（笑）。

佐山　常に前を向いていますからね。ゆっくりですが、毎年フルマラソンも走ってます。もう10回走りました。これからも年に2～3回は走ろうと思っています。

山本　そうなんですか。実は45歳ぐらいのときに、マラソンをしている高齢者の方の言葉に励まされた経験があります。

同級生の古田（敦也）から聞いた話なのですが、彼がオーストラリアでアイアンマンレースに出たところ、70歳で出場した日本人がいたそうです。その方は毎日、過酷なトレーニングを積んでいた。古田が「すごいですね」と話しかけたところ、その方は「楽しみでやってるんだから練習するのは当たり前だ」と言ったそうです。

当時、私は徐々に成績が下がっていましたから、その言葉を聞いて「俺も練習するのは当たり前だな」と思い直しました。

佐山　フルマラソンのタイムとか、体力的なパフォーマンスで物を言うのは練習量だけだと私は思います。学生時代に全く運動をしていなかった同級生も、今では年間3700キロ、平均毎日10キロ以上走り、フルマラソンのタイムが3時間10分台ですから。同級生ですよ。

山本　まさに「やればできる」ですね。先にも述べましたが、私は今でも現役で勝つ自信があります。おそらく世界記録も更新できたでしょう（最年長勝利の世界記録は49歳180日）。惜しかったなあ。

佐山　スポーツ選手に限らず、選手生命を延ばすことがなぜ大事かと言えば、平均寿命が延びているからです。私は学生さんに「100歳まで生きる」前提で人生設計した方がいいと言っています。平均寿命は年々延びているから、決して現実離れした話ではない。そんな中、50、60で「終わった」と言う人には、「何考えてるんだ」と言いたいですね。あと40年、50年、余生にするんですか、と。

山本 私もそう思います。いやあ、野球の話なら何時間でも話せますね。

第2章　好きな仕事だからこそ、やるべきことをやる

初登板の苦い思い出

佐山　私はかねがね、仕事は「好き」でないと続かないと思っていますが、山本さんは根っから野球がお好きですよね。

山本　もちろんそうですね。野球は好きで始めましたから。父も兄貴も野球好きの家庭に育ち、小学校の夏休みでは毎朝５時ぐらいに起こされて、父とキャッチボールをし、それからラジオ体操に行くような日々でした。

涼しい風が吹いている中、車が全く走っていない道路で、父とキャッチボールした記憶は今でも鮮明に残っています。

佐山　子供のころから、いい球を投げられたんでしょうね。

山本　ええ、だからこそ、これだけ好きになったのだと思います。今日まで、野球をや

めたいと思ったことは一度もありません。

佐山　でも、練習をつらいと思ったことはありませんか？　私の経験から言うと、正直、雨が降ったらうれしかったんじゃないですか（笑）。

山本　それはありました。ちょうど私が高校生の時、気象庁が天気予報で降水確率を発表し始めたんです。すると、部員同士で「今日は40％だから練習は休みになるかも」という会話をしていましたね。

佐山　でも意図せずドラフト会議で指名されて、プロ野球の門をたたくことになった。

山本　指名されてからは、「送り出してくれた人たちのためにも負けられない」という思いが強くなっていったんです。プロ入りしてからは、通用しなくて悩むことも多かったのですが、父親、恩師、友人、それぞれの顔を思い出して踏ん張りました。

佐山　すると、野球が仕事になってからは、好き嫌いという次元ではなく、皆さんのために頑張ろうという気持ちでやってきたわけですね。

山本　さらにいえば、前に話したとおり、プロに入ってからしばらくは、まだ本当の意味での「プロ野球選手」ではありませんでした。「1軍で試合に出たい」という目標しか持っていない、いわばただの「野球部員」だったんです。

それが、プロ5年目に初めて1軍で活躍し、給料が3倍に上がったときに、もっと頑張って稼ごうと思い始めた。このとき初めて、本当のプロ野球選手になりました。

佐山 俳優さんと同じですね。駆け出しのうちは稽古を一生懸命やることで精いっぱいだったのが、あるタイミングから、映画や舞台で、観客を楽しませることが目的になる。

山本 そうですね。これまで通行人役をやっていた俳優が、いきなり主役に抜擢《ばってき》されたようなものです。

佐山 初めて公式戦に出場し、グラウンドで名前を呼ばれた日のことは覚えていますか。

山本 もちろん覚えています。相当に緊張していました。プロ3年目の86年10月16日、神宮球場でのヤクルト・スワローズ戦でした。6回裏1死で、2番手としてマウンドに上がったんです。結果は、最初のバッターにいきなりフォアボール。そして次のバッターにホームランを打たれました。その後、なんとかアウト二つを取り、出番は5分ぐらいで終わりました。

佐山 ほろ苦いデビュー戦ですね。10月という事は、消化試合だったのですか。

山本 もちろん消化試合です。その試合には、高校の同級生が駆けつけてくれたんです。投げる保証はなかったのに、私が初めて1軍に上がったと聞いてみんな来てくれました。

神宮球場は、ブルペンがグラウンドの横にあり、投球練習をしている様子が観客にも見えます。私が投球練習を始めると、みんな「頑張れ」と叫んでくれた。しかし現実は厳しく、出番はあっという間に終わってしまいました。ベンチに下がった後、すぐにコーチから「もう明日帰っていいよ」と言われました。

佐山　友達と初登板を祝うどころではなかったんですね。

山本　そうですね。次の日に朝イチで、重いカバンを抱えて、新幹線で名古屋に帰りました。

「クビ」はこうして伝えられる

山本　このように最初のうちは全然活躍できませんでしたから、毎年クビにおびえていました。

佐山　クビになるときは、どのような流れで通告されるんですか?

山本　シーズン最終戦の前後に球団スタッフに呼び出されます。「明日、話があるので球団事務所に来てください」と。すると十中八九、「来年は契約しない」と言われます。

また、シーズンが全日程終了したときに、秋季キャンプのメンバーが発表されるんです。それに入っていればひとまず大丈夫なのですが、入っていないとやばい。メンバーのリストを見るときには、「これで自分の人生が決まる」という気持ちでした。

佐山　まさに自分の人生がかかっていますから、その緊張感は想像を絶するものがありますね。

山本　ちなみに、実績のない若い選手には、早めに戦力外通告がされます。プロ野球の世界を離れて、次の職を探さなければなりませんから。一方、中堅やベテランなど、移籍先がありそうな選手は、その後に通告されます。

私は中日に入団した時、「3年で1軍に定着する」という目標を立てていましたが、結局それは達成できませんでした。ほろ苦いデビュー戦を経験した翌年の4年目のシーズンは開幕を1軍で迎えることができたのですが、キャンプでの投げすぎがたたって4月にヒジ痛を発症してしまい、結局登板は中継ぎの3試合だけ。その後は1軍に戻ることができませんでした。結局、その年の防御率は16・20です。

しかも、この年の8月9日、前の年にドラフト1位で中日に入団した近藤真一投手が、デビュー戦で巨人相手にノーヒットノーランをやってのけた。覚えていますか？

佐山　ええ。あれは当時のプロ野球ファンには衝撃でした。

山本　近藤投手は私と同じサウスポーです。あまりの活躍ぶりに「このチームに俺の居場所はないのかも……」と弱気になりました。

シーズンが終わると、この年にドラフト1位で指名された立浪（和義）選手が、いきなり自分の給料の2倍で契約した。さすがに、「クビが近いかも」と思いました。でも諦めずに日々頑張ったら、アメリカ行きの機会があり、道が開けた。

佐山　どんな状況でも諦めなかったからこそ、チャンスをつかみとったんですね。

山本　その点で言えば、若いうちは「夜更かししない」と心がけていました。同期から「飲みに行こう」と誘われたときは飲みにいきましたが、私だけ寮の門限に間に合うよう、早く帰っていました。「付き合い悪いな」と言われたこともありましたし、今でも「お前は当時から、早く帰っていたな」と言われます。

佐山　門限に帰って何をするんですか。

山本　2軍の練習は毎朝8時半から始まるんです。私は長く寝ないとダメなタイプですから、睡眠不足を防ぐために遅くとも午後10時ぐらいには寮に帰るようにしていました。

1軍で結果を出せている人には、毎日遅くまで飲んで翌日何食わぬ顔で試合に出ている人もいる。でも2軍選手の自分は彼らとは立場が違う。だから、「付き合い悪いな」

と言われても、信念をもって早くに帰っていたのです。

佐山　若いうちから「やるべきことをやるか、やらないか」。それが活躍できるかどうかの分水嶺だというわけですね。

山本　ええ。もちろん仕事の好き嫌いは大切ですが、まずは、やるべきことをやる。仕事ができるようになれば、どんな仕事も自然と好きになっていきます。

するとと、好きな仕事だから、さらにパフォーマンスは上がる。こうした好循環に入るためにも、最初の「やるべきことをやる」段階は、とても重要だと思います。

感覚論にも一理ある

佐山　仕事の好き嫌いの話を聞いて、私も若いころを思い出しました。

私はもともと建築家になりたかったんです。ただ、京都大学工学部を受験した際に点数が足りず、建築学科に行けなかった（当時の京大工学部は23学科あり、学科ごとに合格最低点が異なっていて、建築と電気の合格点が一番高かった）。そのため、第2志望という欄があったから書いた高分子化学科に入りました。そして卒業後は、「大企業に入ったら幸せになるのではないか」というなんとなくの気持ちで、まったく何も考えずに帝人に入社しました。

入社後に配属された愛媛県の松山の工場で3年間三交代勤務をしましたが、最初はポリエステルの製造工程についてよくわからなかった。何度も「自分には、この仕事が向いていないいんじゃないか」と落ち込みました。だから最初は、そんなに仕事が好きではなかったんです。

でもその時に、「この野郎！」と思って、工程のフローチャートやリポートなどを見て勉強しました。すると、勉強する過程でいろいろな疑問が湧いてきて、夜勤明けの朝に先輩社員に質問してみたのです。すると、個別の知識はあっても案外みんな工程の本質的なことについてはわかっていないことに気がついたんです。「なんだ、みんな大したことないなあ」と思いました。そこから、ガンガン自分で考えて仕事をするようになって、だんだんと仕事が好きになっていきました。技術者だけでなく、金融でも弁護士でも会計士でも、素人から見ればプロですが、その本質まで自分で考えて理解している人は5％もいないと思っています。

山本　佐山さんがすごいのは、若い頃に「案外、みんなわかっていない」と理解したことです。私は、今まで偉そうにしていたコーチが、実は大してわかっていなかったと40

歳を過ぎた頃に気づきました。自分のフォームについては誰よりも詳しくなると、若かりし日に「こうしろ」と脅された数々の指示が、実は的外れだとわかったのです。

佐山　脅されていたんですか！

山本　はい。「これをやらないと、クビにするぞ」とよく言われました。例えば入ってすぐの頃、投手コーチから「サイドスローにしろ」と言われたことがあります。私が「嫌です」と返事をしたら、半年間、試合に使ってもらえなかった。

佐山　そのコーチはなんで山本さんをサイドスローにしようとしたんですか。

山本　「お前は手足が長いからサイドにしたら面白い」とのことでしたが、根拠なんてありませんよ。そのコーチは言うことを聞かない私が気に入らなかったらしくて、毎日バッティングピッチャーをやらされました。それで、すぐに肩を壊してしまった。そんなコーチが後に評論家になって、私が最多勝を取ったら「マサのフォームは素晴らしい」などと言ってるんですから、こちらからしたら「ふざけるな！」ですよ（笑）。

技術論から説明されれば納得できるんです。お前の身体なら、肩の使い方はこうして、足の使い方はこうした方がもっと良くなる、と。でも、そんなのなかったですから。

佐山　すると、今のプロ野球の指導者にも、何割かは感覚で物を言っている人がいるんですか？　本当に分かっている指導者って何割くらいですか？

山本　半分ぐらいですかね。残りの半分はやっぱり自分の経験を押しつけている。で、そういう指導者ほど、「最近の若いもんは……」って言葉が多いんですよ。

私は逆です。最近の若いやつ、めちゃくちゃすごいですよ。

佐山　だとすると、指導者も自分より優秀な選手たちを指導できるように、理論を分かったうえで、ロジカルに説明できる能力が求められますね。でも、それができているのは半分くらいである、と。

山本　それでも優秀なコーチは増えてきていると思います。ピッチングフォームの動作解析など、野球の技術が科学的に解明されるようになり、理論もたくさん出てきましたから。以前よりも感覚で物を言う人が少なくなったのは確かです。

ただ、感覚的な話が正しいこともあります。例えば400勝投手の金田正一さんは「ピッチャーは、とにかく走らなきゃいかん」と言う。そのアドバイスは、今の子たちにはナンセンスに聞こえるかもしれませんが、金田さんがあれだけの成績を残したということは、ある意味では真理をついているんです。

実績を挙げてきた先輩方の話と、今の科学的な議論を組み合わせれば、効果的な練習ができると思います。時代が変われば練習方法も変わりますが、その時代その時代で良いものを組み合わせて取り入れていくイメージですね。

佐山　山本さんはどのような練習を重視されてきたのですか。

山本　私も、走ることが基本だと考えています。あとは手首の強化です。2キロのダンベルを持って手首を曲げる練習を、高校時代から毎日、200回ずつしていました。その結果、私の右腕と左腕は全然太さが違います。若い子から見たら古い練習に見えるかもしれませんが、これをやっていたからこそ筋肉量で腕の炎症を抑え込むことができ、私は肘を一度も手術しなくて済んだんです。

佐山　それはすごい。同じようなことをやってる人は、今ではほとんどいないでしょうね。

途中でやめるから「無駄」に思える

山本　一見無駄に見えることのなかにも、必要なものがあるんですよね。最近では、無駄を嫌う風潮が強く、無駄を削ることこそ価値があると思う人が多い。ビジネスで言えば、やみくもに出て行って足で仕事を取ってくるのではなく、事前に綿密なリサーチをして、効率の良い交渉方法を考えることが良しとされます。
でも、がむしゃらに門をたたく、昔のやり方も一理あるんじゃないかと思います。効率的な方法なんて、最初からわかる人は少ない。試行錯誤をすることで、必ず何かをつかめますから。

佐山　いい考え方ですね。人が「無駄」と考えるのは、すぐに効果が出ないことをやっているときです。素振りのように、継続しないと効果が出ないことは世の中にいっぱいありますが、多くの人は途中でやめてしまうから、それを「無駄」だと感じる。
下積み時代は、「こんなことやってられるか」と思うこともあるかもしれませんが、一生懸命やったら何か答えは出る。その点は山本さんに同感です。たとえ、そのことが本当に無駄だったとしても、「無駄」とわかるだけ進歩です。今度は別の方法を、確信を持って選択すればいい。その意味では、世の中に無駄なことなんてないと思います。

山本　やっぱり佐山さん、いいこと言うなぁ。前回お会いしてから、私、佐山さんの話をノートにメモして、よく講演で使っているんです（笑）。
高校時代にはよく先輩方にしごかれましたが、礼儀作法や挨拶の仕方が身に付いたのも、先輩たちが厳しく指導してくれたからだと思っています。

佐山　私も中学1年生で野球部に入部したときに、監督から言われたことは二つだけでした。「高3の夏まで続けろ」と「挨拶をしろ」です。これを守れば、社会に出て必ず役立つから、と。

山本　そうした礼儀作法は、最初に指導されたときは無駄と思いました。でも、社会に出たら、予想以上に役に立つ。

佐山　そのとおりです。私は投資会社の経営者という仕事柄、いろんな会社を見に行きますが、良い会社の共通点は社員がみんな挨拶していることです。ダメな会社では、同僚がエレベーターに乗ってきても挨拶しません。ひどいところだと、親会社から出向してきた人で、変なプライドからか子会社の人に挨拶されても挨拶を返さない人がいたりする。

私は世の中で、他人に偉そうにできる人は一人もいないと思っています。いま偉そうな肩書きがついているからといって、偉そうな態度をとる人にろくな人はいない。今でも野球部の監督の教えは生きていて、ありがたいと思っています。

山本　野球選手の場合、無駄な練習なんかない、と実感するのは春のキャンプです。キャンプでは毎日1時間ぐらい、サインプレーの練習をします。中には、1年に1回ぐらいしか試合で発生しない場面の練習もする。一見効率が悪いのですが、頭を使ってボールを動かしたり、普段とは違う動き方を習得したり、使わない部分の筋肉を使ったり、しっかりと腰を落としてボールを処理したりすることで基本動作を身にしみこませたりして、他のプレーにも応用できるんです。

私が最近気になるのは、若い人たちの中に、知識があって技術も高いけれども、土台がしっかりしていない人が散見されることです。背は伸びているが、足腰がスカスカというか、安定していない。ひょっとしたら無駄を削りすぎているのかもしれない。一見無駄だと思っていることをやらなければ、土台がしっかりと作れないのかもしれません。

佐山　そうですね。さらにいえば、最初からうまくいくとわかっていることだけに挑戦する人が多い気がします。ゴールまでの道筋が見えないと、「そんなの無理だ」と諦めてしまう。

私は逆で、うまくいくとわかっていることをやっても達成感を味わえないのではないかと思っています。成功した経営者や研究者で「私は運が良かった」という人がいます。例えばノーベル生理学・医学賞を受賞した大村智さんも、伊東のゴルフ場で採取した土のなかに、たまたま微生物がいて、大きな研究成果につながったという。このため大村さんは「微生物の力を借りているだけ。ラッキーでした」と謙遜していますが、発見につながるまでに何千回サンプリングをしていたかという話です。

多くの人が無駄だと思っていても、回数を繰り返せば成果に結びつくことがある。1%の確率でも100回やればその成功確率の期待値は100%、1となり、1回成功したっておかしくない計算になりますが、ほとんどの人は成功確率が1%しかないとそもそも挑戦をしない。その違いのような気がします。

山本　子どもたちはゲーム好きですよね。「こんなの絶対にクリアできない」というゲームでも「クリアした奴がいる」となると、みんなやってみるんですよ。前例ができたことでやる気が起きる。

佐山　そうですか。私だったら誰もクリアしていないことの方が、ファイトが湧きますけどねえ。

イチローに電話で伝えた「50歳までやる秘訣」

山本　最近は「前例踏襲」はあまりいいイメージがないですよね。でも、前例にもいいところがありますよ。

私はプロ野球の歴史で初めて、50歳まで現役でいましたが、それを見て後輩たちが「自分も50歳までできるかも」と思ってくれるようになりました。２０１６年に42歳で現役を引退した横浜ＤｅＮＡベイスターズの三浦大輔投手も「マサさんの年までやりたかった」と言っていました。「もしかしたら俺も」と目標を高く持てば、モチベーションは上がる。その意味では、前例ができることで、全体のレベルが底上げされることもあります。

私の場合は、二つ先輩に工藤（公康）さんがいて、彼が道のないところにけもの道を作ってくれたんです。11年に工藤さんが引退されてからは、45歳の私がけもの道を受け継いでいった。もし工藤さんがいなかったら、もう少し手前で挫折した可能性はあります。普通、45歳といえば「もう十分にやったな」と思うじゃないですか。

佐山　今のプロ野球選手で、山本さんの年まで現役ができそうな人はいますか。

山本　野手より投手のほうが近いかなと思います。野手はどうしても、目の衰えが突然来ますから。40歳近くなって、老眼に苦しむ人もいます。するとボールへの反応が一瞬遅れ、全然打てなくなる。

一方ピッチャーは、少しぐらい目が衰えても、ストライクが入れば勝負になります。

例えばスワローズの石川（雅規）投手は私のことを慕ってくれていて、年齢（学年）ごとの星取り表をロッカーに貼って、自分と私の勝利数を競っているんです。23歳時点では、私はプロ5年目で初勝利（シーズン終了までに5勝）、彼は大卒1年目で12勝していますから、5対12で彼が勝っていたんです。現在では、抜きつ抜かれつしながら、2016年シーズン終了時では、私が一つ負けている。

しかし翌年、私は9勝するんです。「ここで山本さんに後れをとると苦しい」と彼は言っています。

佐山　なるほど。山本さんの存在が石川投手の励みになっているわけですね。イチロー選手もそうではないですか。

山本　実はイチロー選手とは、同じ鳥取のトレーニングジム「ワールドウィング」に通っていて、いろいろとアドバイスを求められます。つい最近も「マサさん、50までやるにはどうしたらいいいんですか」と電話で聞かれました。

その時には、「肩と肘はそんなに落ちない。でも足は年を取ると故障しがちになる。だから足には常に気をつけろ」と言いました。野手の場合、年を取ってくると、守備や走塁でダッシュをする際に故障する確率が上がります。だから念入りに準備を行い、ダッシュをするときには細心の注意を払うよう、イチロー選手には伝えました。
2016年8月、イチロー選手はメジャー通算3000本安打を達成しましたが、その際の取材で、私から言われたことが励みになったと語ったそうです。これはうれしかったですね。

佐山　お二人の信頼関係がわかるエピソードですね。

山本　これからはもう、プロ野球界全体の発展のために頑張りたいと思っています。ドラゴンズの後輩だけではなく、野球界の全ての後輩がレベルアップするのに役立てるとしたら、いくらでも働きたい。だから他球団であっても、コーチの要請があれば、断る理由はないと思っています。

「悔いはある、でも後悔はしていない」

佐山　野球選手の40代は、体力的に衰えてくるのはもちろん、それ以上に意識やメンタルが物を言うのではないですか。

山本　そうですね。イチロー選手は50歳までプレーする前提で話をしますから。そうしたメンタルを持つ選手は強い。

佐山　ビジネスマンも同じです。普通、60歳や63歳で定年を迎えますが、自分の仕事人生を会社が決めた定年で終わらせるのはもったいない。前章でも言いましたが、これからの人は100歳ぐらいまで生きる可能性があります。60歳で仕事を辞め、残りの40年を余生にしていいんでしょうか。

山本さんも、他の選手が続々と引退していくなか、「自分はまだまだできるはずだ」と思ったからこそ、50歳まで続けられたわけですよね。

山本　そうですね。「もう年だからやめよう」とは思いませんでした。

佐山　だから定年のような、会社が決めた「仕事を辞める年齢基準」は、会社にとってはともかく、自分自身をそれに合わす必要はないと思います。

山本　その時には、モチベーションの維持が重要課題です。普通の人は、モチベーションが年とともになくなり引退していく。でも私は、仕事のモチベーションは死ぬまで持たなければダメだと思います。

その点、佐山さんはモチベーションの塊ですよね。その前向きさや、常に何かに立ち向かう姿には、勇気をもらっています。佐山さんが言われた「今の自分は10年後の自分よりも10歳若い」という話も、よく講演で使わせてもらっています（笑）。

佐山　山本さんも私も執念深いですから、ずっと「まだまだやれる」と思い続けて生きていくのだと思います。たぶん、死ぬ直前になって初めて「もういいや」と思うんじゃないでしょうか。

山本　そうですね。私は引退会見の時に、「悔いはある、でも後悔はしていない」と話をしました。「50歳までやって〝悔いがある〟なんて、お前はぜいたくだ」と思われるかもしれません。でも、自分自身としては、まだまだやりたいことがたくさんありました。引退した年に勝利していれば世界記録も作れましたし、日本シリーズでも一度も勝てずじまいだった。さらには、「若い頃こうしていたら、もっとできたな」ということがたくさんあります。だから「悔いがある」というのは本音なんです。

それでも「後悔はない」と言ったのは、私の性格的に、その時々で一生懸命立ち向かっていたからなんです。だから、こうした結果になったことについて、後悔はしていません。

佐山　「悔いはある、でも後悔はしていない」とは奥の深い、考えさせられる言葉ですが、そうした真意があったんですね。

山本　私ぐらい長く野球をやっても、悔いは残るんです。だから、読者の方々に言いたいのは、一生懸命生きなければ、必ず悔いは残るということです。自分の人生が終わる時に、「もっとやりたいことがいっぱいあったのに」と思うのは嫌じゃないですか。モチベーションとは、悔いを減らすために不可欠なものだと思うんです。

佐山　山本さんって、一日中ゴロゴロしてることってないんじゃないですか。

山本　ないですね。

佐山　私もゼロなんです。やりたいことがいっぱいあって、何もせずにいると、どうしても時間がもったいないと感じる。インフルエンザの時だけ外出禁止になって会社を休みましたが、それ以外は何かしています。

山本　私もそうです。プロに入って29年間、無遅刻無欠席でした。30年目の開幕前にインフルエンザにかかり、初めて練習を1週間休みました。それでも、家の近くでジョギングをしていました。近所の子どもが近づいてきたから、「お前ら俺に近づくな。移るぞ」と言った（笑）。

佐山　インフルエンザで外を走る人なんて、あまり聞いたことがない（笑）。

山本　結局、3日間ぐらいで平熱に戻りました。開幕前でよかったです。

佐山　周りの人に話を聞くと、休みの日ぐらいゴロゴロしたいと言う人もたくさんいますよ。

山本　そうですか、私は思わないなあ。むしろ、少しの休みがあればラジコンをしたいと考えてしまいます。

佐山　山本さんは趣味を一生懸命されることで有名ですもんね。そもそもラジコンを始めたきっかけは何だったんですか。

山本　93、94年と連続最多勝をとった後、95年のシーズン途中で膝を悪くしてしまいました。最初は手術をしないで様子を見ていたのですが、結局最後まで調子が上がらずこのシーズンは2勝しかできませんでした。チーム自体も不振で、高木監督がシーズン途中で休養を発表したのですが、復帰した星野監督に秋季キャンプの際に「マサ、足を引きずってるぞ」と言われて、手術することにしたんです。

　リハビリはメニューが決まっていて、地道なトレーニングの繰り返しです。気が焦っても、無理をするわけにはいかない。だから、そのストレスを減らしてくれるような、何かを求めていたんでしょうね。たまたまドラゴンズの練習場の近くに、ラジコンのサーキットがあったんです。私はオタク気質なのかもしれませんが、何でもやり始めたらとことんやります。実はラジコンをやっていく中で、どのように練習をして追い込んでいけば、日本でトップまで上り詰められるかを学んだんです。

佐山　そんなにラジコンはストイックなものなんですか？

山本　ええ、F1と同じで、あるコースを何分何秒で走れたか、1000分の1秒単位で競うんです。ラジコンコースには曲線も直線もあり、ドライビングテクニックももちろんですが、乾電池をもたせることも重要です。つまり、速く走るだけでなく、燃費を計算しながら走らなければならない。私は中京地区予選をトップで勝ち抜いて全日本選手権に出場し、4位になったこともあるんです。

佐山　ラジコンの世界で速く走れる人は、何が違うんですか。

山本　やはり勉強熱心なことに尽きます。F1では各パーツを組み合わせながら、そのコースに沿うように最高の状態のクルマを作り上げます。実はラジコンのセッティングにも、F1と同じぐらい選択肢があるんです。突き詰める人は、コースごとに1回ずつセッティングを変え、一つひとつの結果をノートにメモしていきます。ラジコンコースを1回走るのに1時間ほどかかるので、1日8時間走っても、8回しか試行錯誤ができません。だからこそ1回あたりが重要で、やみくもに走っても成果が出ません。

湿度や気温、路面温度などを記録し、サスペンションやタイヤを替えたり、重心を調整したりしながら、最適な組み合わせを見つけていくのです。うまい人ほど、あまり走らせない。

佐山　そこまで細かく記録するんですか。

山本　そうしてデータを積み上げておけば、本番の気温や湿度を見ながら、最適な形でセッティングができるのです。トップと素人なら運転の腕で差がつくのですが、トップ同士だとテクニック面では差は出ないので、クルマの出来にかかってくるのです。だからレベルの高い大会になればなるほど、自分に合ったセッティングを探す作業が不可欠なのです。

私はいつも、白、紫、ピンク、黒のボディーのクルマを使っています。中京地区では同じ色のクルマを使っているプレーヤーはいませんから、クルマをコースに置くと「あ、山本さんが来た」と気づいてもらえます。

佐山　すごいですね。山本さんにラジコンの話を聞くと、時間がいくらあっても足りなそうです。

山本　ラジコンは、もちろん野球にも通じています。フォームを少しずついじりながら、調子が良い時と悪い時を見極め、調子が悪い時は調整するというのは、ラジコンのセッティング方法と全く一緒です。これをやるようになってから、不振の期間が短くなりました。

　ただ、41歳のときに、シーズン中のラジコンを封印したんです。

佐山　それはなぜですか？

山本　40歳まで、私は試合後のケアをほとんどしませんでした。もともとマッサージは好きではなかったし、投球後のアイシングも全くやりません。それでもちょっと休んだら、すぐに練習に復帰できた。それでまったく問題なかったんです。たぶん、もともと身体が丈夫なんでしょう。

　しかし、40歳を超えてからは、体に疲れが残るようになった。そこで、しっかりマッサージをしたり、疲れを残さないための練習をする必要に気づいた。そんななか、ラジコンに時間を割いている自分が許せなくなったんです。

　自分が何で食べているかといえば、野球で食べている。だったら本業をいちばんに考えたほうがいいのではないか、と。自分はポジティブな性格で「ラジコンに行っていても体は大丈夫だ」と思ってしまいますが、そのときはそうした性格が嫌になりました。

同時に、もう一つの趣味のクワガタ飼育も我慢しました。当時はずいぶん飼育していて、「山本ブランド」ができるぐらい有名なブリーダーだったんです。でもクワガタの飼育は体に負担がかかる。150匹ぐらい幼虫がいますから、前かがみになって全部土を替えてやらなければならない。実は腰に負担がかかるんです。これも続けてはまずいなと思い、持っていたクワガタは全部、人に譲りました。

現役を退いた今、ようやく封印を解きました。やっぱり趣味には恩を感じていますから。50歳まで現役生活を送れたのはラジコンのおかげ……というのは言い過ぎかもしれませんが、ディープな世界にハマっている人たちから学んだことは大きかったですね。

佐山　ただ、誰もがラジコンをしているから、仕事ができるようになるわけではない。いつも本業である野球のことを考えていて、「仕事に応用しよう」という強い意志があったからこそ、ラジコンが野球に役立ったんじゃないですか。

山本　そうですね。一つ言えるのは、周りの仕事ができる人をしっかりと観察し、どういうやり方をしているかを考え、それを自分なりにアレンジするのが大事だということです。「うまくなりたい」と思えば、必ず方法は見つけられるんです。

ビジネスの世界もそうで、「俺はどうせ平社員だから」と言うのではなく、会社内で自分が役立つにはどうすればいいかを考えれば、自然と方法はわかってくる。そうして一生懸命やっていれば、必ず誰かは見ていて引き上げてくれる。私は野球界しか経験していませんが、どの組織にも共通することだと思います。

富士山の頂上で見た光景

佐山　これまで話を伺っていて感じたのですが、山本さんが50歳まで現役を続けられたのは、「絶対にやるんだ」という強い意志があってこそだと思います。

よく、私は富士山のたとえ話をするのですが、山本さん、富士山に登ったことはありますか?

山本　途中までは登ったことがありますが、てっぺんまではないですね。

佐山　私は一度だけ、10年ほど前に頂上に登りました。2004年に共同創設したGCAというM&Aアドバイザーの会社の同僚5人と夜の11時半に五合目をスタートし、日の出を見に行ったんです。登り始めると、はるか上のほうに明かりが見える。一緒に行った富士登山のベテランのメンバーに「あれが頂上か」と聞いたところ、まだ六合目という。

息を切らしながら六合目まで登ると、また上の方に明かりが見える。彼に聞くと「あれは七合目です」という。ちょっとくじけそうになりましたが、それでも一歩一歩上がっていきました。彼のアドバイスでゆっくり同じペースで登るようにして、何とか頂上にたどり着きました。「頂上に登るのは思ったより大変だ」と痛感しました。

山頂付近になると、道も砂地になっていき、30センチ登ったら20センチずり落ちるような感じでした。それでも朝の4時過ぎにやっと頂上にたどり着いたんです。

山本　おお、ようやく登れたんですね。

佐山　そこで周りを見渡すと、登山客はみな疲れ果てていました。

でも、その時に思いました。富士山山頂でバテている人たちは、全員例外なく、家を出るときに、「富士山に登ろう」と思った人だけだ、と。他の観光地、たとえば鎌倉とか京都の清水寺だったら、そこにいる人たちの何割かは、たまたまお天気がよかったので足を延ばして来た人が混ざっているものです。

でも富士山は、たまたまお天気がよくて足を延ばして来た人はいません。つまり、ハードルの高いことは、「やろう」と思わないとできないんです。高いハードルを設定し、それを目指す人だけが、その目標を果たすことができる。なんとなくやっていては、高い目標を達成することはできないんです。

野球もそうですよね。プロ選手になろうと思わなければ、絶対にプロ選手にはなれない。

山本　ええ。プロの練習はすさまじく、なんとなくやっている人は必ず脱落する。上に行くつもりで練習しないと、上には行けません。

佐山　山本さんが50歳までできたのも、目標がだんだん上がっていったからですよね。40歳の時には「45歳までやりたい」、45歳の時には「50歳までやりたい」と目標を上げ続けなければ、50歳までできなかったと思います。

山本　同感です。あと重要なのは、高い目標を達成するため、日々何をするかということです。

現役時代の私はだいたい中6日くらいで投げていましたが、登板と登板の間に必ずやることは決めていました。登板の翌日は30分のジョギングなど軽めの練習で上がりです。次の日は普通なら休みで、昼からラジコンをしたりしますが、いいピッチングができていなかったら走り込みをします。3日目はポールからポールまでの180メートルを10本、その翌日はポールからセンターまでの10本を走る。さらにその翌日は50メートルを

10本走り、登板前日は30メートルを10本走る。同じことをシーズン通して淡々とやってきましたが、このリズムが刻み込まれたからこそ、安定して結果を残せました。

また、趣味のラジコンは同僚の試合があるときにはやらない、先発3日前から絶対に飲みに行かずホテルに缶詰めになるなど、数々のマイルールを課していました。3日前までなら、朝まで飲んでもぜんぜんへっちゃらです。そうやってメリハリをつけていました。

佐山 そうした決まりは、いつ頃から決めたんですか。

山本 ルールの中身はその時々で変わっていますが、ルールを設定するようになったのは子ども時代ですね。

私は小さなころから臆病で、神様を信じていたんです。野球の神様は必ずいて、侮辱すれば絶対野球でしっぺ返しがあると思っていました。だから、「野球がうまくなりたいから、今日はお風呂にちゃんと浸かろう」などと、自分で決まりを作っていました。

佐山 誰かに言われたわけではなく、自分で考えたんですか。

山本 そうです。高校になっても基本的な考えは変わらず、寝る前に必ず2キロのダンベルでトレーニングをやろうと決めました。1日でもサボると、野球の神様が怒ってしまうような気がしたんです。

努力のコツは、「簡単なことを長く続ける」ことです。毎日必ずやることを決めて、その代わり無理をしない。もしダイエットをしようとしている人がいるとすれば、いきなり毎日3キロ走ろうとしても、3日も続きません。でも、雨が降ろうが槍が降ろうが、毎日500メートル歩くというハードルであれば、無理なく続けられる。そうするうちに、1キロ走れる体力が身に付いていく。このようにして、徐々に努力のハードルを上げていくのがいいと思います。

常にギリギリじゃないと頑張れない

佐山　立派ですね。実は私、コツコツとした努力が全然ダメなんです。切羽詰まらないとできないんです。

山本　そうなんですか！　まったくそうは見えませんが。

佐山　フルマラソンを走るときも、レースの1カ月半くらい前にならないと、練習する気にならないんです。本当は、毎日コツコツ走るのがいいと思うんですが。

山本　1カ月半前の準備なら、十分に早いんじゃないですか。もっと切羽詰まった人って、1週間前にしか走らないと思いますよ。

佐山　いや、フルマラソンのタイムが4時間を切っている人は、レースまで月に大体200キロ以上走っていると思うんですが、私は直近の1カ月で、最大で40キロくらいしか走っていません。本当はもっとやるべきと思っても、どうしても気合が入らない。結局、当日にしんどい思いをするんです。

山本　必要な準備の期間は個人ごとに違います。だから、自分にとって必要な努力量を見つけることが重要です。もっとも佐山さんの場合は、足りないと思っていても、実はすごく努力している気がしますが。

佐山　初めてそう言われました。というのは、私は中学時代からずっと、ギリギリにならないと頑張れないタイプでしたから。中学も高校も定期テストはすべて一夜漬けで、いつも「あと1時間勉強したら15点上がったのに」と思いながら学校に行っていました。要は、不十分な状態で勝負に挑むのに慣れてるんです（笑）。

山本　それもそれですごいですよ。

佐山　いやいや、良くないですよ。完璧な準備をして事に当たったことがないですから。だから、山本さんが30年間同じような練習メニューをコツコツとこなしたことは、素直に「大したものだ」と思います。

山本　ただ私は、野球以外はめちゃくちゃですよ。銀行の振り込みや手続き関係など、生活の面に関してはポロポロ抜ける。公共料金を払い忘れ、数千円の延滞金が課されることもしばしばです（笑）。

佐山　親近感がわきますね。最近では、いろんなところから寄稿の依頼をいただくおかげで、締め切りが迫っている仕事が、つねに複数ある状態に陥ってるんです。先日も、ある経済紙の締め切りがあったんですが、当日に出せなかったから、担当編集者から「佐山さん、苦戦されていますか？」とメールが来ました。そこで「もう少しかかります」と返信したら、何も言ってこなかったので、「別の記事を出すことにされたんだ」と思ってそのままにしていました。

するとと、１週間後に連絡が来たんです。「佐山さん、前代未聞の遅れです。今日中に出してください」と（笑）。結局、その日の晩に書いて出しましたが、お尻に火がつかないとだめなんです。

山本　常に張り詰めていれば疲れてしまいますから、抜くところは抜き、頑張るところは頑張るのが、長くやっていくコツなのではないでしょうか。

第3章　才能の伸ばし方

いい指導者とは

佐山　これまで、数々の監督やコーチを見てきたと思いますが、いい監督やコーチの条件は何だと思いますか。

山本　まだ指導者として一度もグラウンドに立っていないので、確かなことは言えません。ただ、もし私がコーチになれば、選手をやっている時よりもグラウンドにいる時間は長くなると思います。

選手は自分勝手でいいんです。休日にラジコンしていようが、デートしていようが、自分のことだけを考えていればいい。しかし、監督やコーチの立場になったら、チーム全体を考えなければなりません。ピッチングコーチなら、ちゃんと前日の試合のビデオを見て、「ここに癖が出ている」「この球種は狙い打ちされていた」など、打たれたピッチャーにアドバイスできることはないか考える。

佐山　コーチは、技術的に選手に与えられるものがないとダメだということですね。

山本　ええ。特に2軍コーチは、ドラフトで入ってくるアマチュア選手を、まずはプロのレベルに引き上げなければなりません。

1軍コーチなら、加えて適材適所に選手を配置する能力も必要です。個人の調子を見極め、好調の選手を使っていかなければ試合には勝てない。だからその分、選手を朝から晩まで見る必要があり、コーチが一番早くグラウンドに来て、一番遅く帰らなければなりません。

一方監督は、あまり早く来ても選手やコーチが萎縮してしまいます。だから家でしっかり勉強することが重要です。きっと各球団の監督は、家でビデオを見たりしながら、他球団の情報を仕入れていると思います。

佐山　山本さんが見てきた中で「優秀な監督」をあげるとすると誰ですか？

山本　「監督」というと、私の場合はどうしても最初に星野監督のことを考えてしまうのですが、星野さんは厳しくもカリスマ性がありました。一方で、同じチームになったことはありませんが、日本ハムを日本一に導いた栗山（英樹）監督のように、厳しさをあまり表に出さず、盛り上げ上手の監督もいます。「優秀な監督像」はさまざまです。
しかし当然ながら、選手全員に支持される監督やコーチはいません。レギュラーの枠は限られていますから、どうしても使える選手と使えない選手が出てくる。使ってもらえない選手は、きっと監督やコーチのことを支持しないでしょう。バランス的には、6割から7割ぐらいの選手の心を摑んでいれば十分だと思います。全員にいい顔をしようとすれば甘くなってしまいますが、適度に厳しくして6、7割ぐらいの選手が付いてくれば、一番いいバランスでしょう。
私が星野さんに付いていこうと思ったのも、試合に使ってもらえるから。野球選手にとっての一番のご褒美は、スターティングメンバーに名前を書いてもらえることです。だから、どんなに叱られても、星野監督には付いていこうと思いました。

佐山 なるほど。野球の監督は会社でいうと経営者のようなものですが、その部分は「いい経営者像」にも通じるものがありますね。

山本 大原則としては、「成功したら選手のおかげ、失敗したら指導者の責任」ということは徹底しなければなりません。

佐山 私が「いい監督」として思い浮かべるのは、長嶋茂雄監督（現・読売巨人軍終身名誉監督）です。

長嶋さんって、「こうした素晴らしいことをおっしゃった」ということはあまりないんです。印象的なセリフといえば、引退セレモニーのときの「我が巨人軍は永久に不滅です」というものぐらい。むしろ伝わっているのは面白エピソードばかりです。ルーキーイヤーではホームランを打ったときにベースを踏み忘れ1本ホームランを損したり、ストッキングを忘れて靴下を黒マジックで塗って試合に出たり。審判に、バントのポーズをしながら代打を告げたので、作戦がバレてしまったり……。そういう話が、いくらでもありますよね。

でも2004年3月、アテネ五輪の野球日本代表チームを監督として率いている中、長嶋さんは脳梗塞で倒れました。そのときベンチには、監督の直筆で背番号3が書かれた日の丸と長嶋さんのユニフォームが飾られ、選手やコーチが「長嶋さんのために」と奮起しました。

印象的な言葉を残しているわけではないのに下の者から慕われる。これは人徳以外の何物でもありません。経営者でもたまに似たようなタイプの人がいますが、みんなが「あの人のために頑張ろう」と思ってもらえる人は、最も強いリーダーだと思います。

山本　そうですね。でも「人に慕われる監督」の像は人それぞれです。栗山監督のように盛り上げ上手な監督もいれば、星野監督のように厳しくも愛のある指導をする監督もいるわけですから。

胸に刻んだ落合監督の言葉

佐山　落合（博満）監督は山本さんから見てどうでしたか。

山本　そもそもの話で言うと、選手時代の落合さんに私はずいぶん助けられたんです。91年のシーズン、私は開幕からなかなか勝てずにいました。4月下旬の阪神戦で先発することになって、登板前に「このまま勝てずにいたらどうしよう」とロッカールームで不安に駆られていたら、落合さんが「マサ、心配するな。今日は俺が打って勝たせてやるから」と声をかけてくれた。その試合の落合さんは本塁打を含む4打数4安打6打点。私も無事初勝利をおさめることができました。

佐山　それはすごい。自分で宣言して、本当にやってしまうところが落合さんらしいですね。

山本　逆に言うと、敵に回した時にはこんなに恐ろしい選手はいません。昔の野球ファンなら、巨人と中日が同率首位で迎えたシーズン最終試合で勝った方が優勝という、1994年の「10・8」ナゴヤ決戦のことを覚えていると思いますが、あの試合はほとんど落合さん一人にやられたんです。そのシーズンの前に、落合さんはFAで中日から巨人に移籍していた。

佐山　その頃、私はニューヨークにいたので、リアルタイムでは知らないんですよ。

山本　そうですか。この試合はイチロー選手も一野球ファンとしてナゴヤ球場で試合を見ていたんですが、「こんなすごい雰囲気で試合ができるなんてうらやましい」って言ってました。イチロー選手は内野の普通の席で見てましたが、焼きそばを食べているところがナイター中継で映ってたらしいです（笑）。

落合さんが中日の監督になったのは2004年ですが、就任決定直後に、「来年のキャンプ初日に紅白戦を行う」と宣言した。これには私は燃えたんです。ベテランも若手も横一線で見る、ということですから、大ベテランの域に達していた私としては願ったりかなったり。中日はAクラス入りを当然視されているチームですから、チーム方針として若手の育成が優先されることもある。でも、落合監督は「野球は年齢でするものではない。俺は実力のある奴を使う」と宣言し、私に対しては「200勝しろ」と言ってくれました。

佐山　落合さんは監督就任時に、「こいつら、練習していないんだな。もっと練習して、チームを10％底上げすれば優勝できる。練習すればいいだけだから、大型の補強なんて必要ない」と考えて、実際に大型補強はしなかったんですよね。

山本　それでも在任8年で4回のリーグ優勝ですから。監督としての能力は疑いようがありません。

落合さんのすごさは、「ぶれない信念」にあると思います。相手に点を与えず1点を守り切る、投手力中心の野球です。長嶋さんの野球みたいな荒っぽい豪快さはなかったので、「つまらない野球」と言われたり、ファンサービスが足りないと言われたりしましたが、落合さんはぜんぜん揺るがなかった。

落合さんには個人的に恩義を感じていることもあります。２０１０年のシーズン、中日は4年ぶりにリーグ優勝を達成しました。私はシーズン前半戦はケガで棒にふってしまったのですが、8月に復帰した後は5連勝をマークして、多少は優勝に貢献できました。だから次のシーズンも続けたかった。それを落合監督に伝えようと、優勝の決まった10月1日に監督室で落合監督にお会いしたんです。

祝勝会やテレビ出演を終えて監督室に戻ってきた落合さんに、私は、「もう1年、ユニフォームを着させて下さい」と直訴しました。そうしたら落合さんは、「それは俺が決めることじゃない。自分の引き際は自分で決められる。お前はもう、そういう選手だろう」と言ってくれた。これは本当に嬉しくて、励まされました。引退するまでの最後の5年はいつも、落合監督のこの言葉が胸の中にありましたね。

佐山　山本さんの現役最後は谷繁（元信）監督でしたが、長年バッテリーを組んでいた年下のキャッチャーが監督になって、やりにくいことはなかったですか。

山本　谷繁監督のことは普段、「シゲ」と呼んでいたんですが、監督になると発表になったらすぐに「監督、おはようございます」と敬語で呼びかけるようになっていました。野球選手ってそうなんですよ。年下だろうが何だろうが監督は監督なので、自然に敬語になります。

谷繁監督はよく野球を知っています。老獪なんですが、監督としてはその老獪さを生かし切れなかった。キャッチャーとして2000本以上の安打を放ち、長く扇の要に君臨していて、居るだけで安心感のある選手でしたが、その持ち味を出せる環境がなかったのが残念です。2017年は投手コーチを長く務めた森（繁和）監督がチームを率いていますが、投手起用が上手なのは分かっているので、森さんがどんな攻撃の采配を振るうのか、とても興味がありますね。

経営者は私利私欲を持つなかれ

佐山　先ほど山本さんは「成功したら選手のおかげ、失敗したら指導者の責任」とおっしゃいましたが、これは経営者にも当てはまります。経営者の必要条件は、私利私欲がないことなんです。

私は長年M&Aの現場に携わり、2015年9月にスカイマークの会長に就任してから、1年以上経ちました。スカイマークは、実質的に初めて私が経営者として乗り込んだ会社ですが、この1年のかなりの時間、社員とともに仕事をしました。

常々思っているのは、経営者は「自分が儲けたい。自分が偉くなりたい」という意識を持ってはいけないということです。綺麗事に聞こえるかもしれませんが、自分のためではなく、会社のためを思って動けば、社員も「この人のためなら一緒に頑張ろう」と思ってくれるんです。会社と社員を愛するのが大切であるということが、この1年間で、私が学習した最も大きなことです。

山本　なるほど、勉強になります。佐山さんが62歳で初めて気付かれたことを、私が知っているはずないですから（笑）。

佐山　まあ、こればかりはやってみないとわかりませんでした。

山本　「人徳」は永遠のテーマですが、長嶋さんなら面白い話をいっぱい聞いています。

長嶋さんは田園調布に住んでいますが、常連にしている焼鳥屋があるそうです。その焼鳥屋の店主が、初めて夫婦で海外旅行に行くと聞いて、長嶋さんは財布からゴールドカードを出して夫婦に渡したそうです。「これで行ってきて。僕の名前書いたら何でも買えるから」と言って。実際には、その夫婦が「長嶋茂雄」とサインしたら犯罪ですが（笑）、私はこの話を巨人の関係者から聞いて大笑いしました。そうした人柄があってこそ、人に好かれるんでしょうね。

佐山　普通の人には真似できませんね。下手に真似しようとしたら、「あの人はおかしいんじゃないか」と言われてしまいますから。

緊張感は、勝負している証拠

佐山　私はかねがね「人生は自作自演のドラマ」と言っています。自分の人生のシナリオは自分で書くものですから、面白くなるのもならないのも、全部が自分次第。上司がどうとか会社がどうなんて言ってもしょうがない。

山本 「人生は自作自演のドラマ」とは、いい言葉ですね。私も同感で、失敗するような挑戦をしなければ、達成感を味わえません。そうした挑戦をするときには極度に緊張しますが、緊張しなきゃ人間は成長しないし、ダメになると思います。

佐山 そうですね、負けるかもしれないという危機感や緊張感を持たないと、本当の意味で勝つことはできない。

山本 緊張感は人生に絶対に必要です。なぜなら、緊張するということは、勝負している証拠だから。野球でも、マウンドに行く時に平然としていたら絶対に勝てません。緊張してこそ、火事場の馬鹿力が出るんです。

　マウンドで一番緊張する時って、どんな場面だと思いますか?

佐山 2死満塁で4番打者を迎えたとき、ですか?

山本 いえ、実は同じく2死満塁で投手を打席に迎えるときなんです。

　投げるときの緊張感を増す要素にフォアボールがあります。たとえ相手が三振する気でも、自分がまずストライクを投げなかったら、アウトは取れません。

そんななか、2死満塁で投手が打席に立ったときは最悪です。なぜなら、投手は最初からフォアボール狙いで、バットを振ろうとしないから。ボール球を振ってくれたら助かるんですが、こっちから確実にストライクを投げないといけない。だから、意外と押し出しになってしまうことがあるんです。

佐山　意外ですね。見ているほうは、例えば2死2、3塁で8番打者を敬遠して、9番の投手が打席に立つと「助かった」と思うものですが。

山本　実は、そうしたときが一番嫌なんです。味方も敵も、そしてスタンドの観客も「終わった」と思うじゃないですか。でも自分だけは、ストライクを投げなければ帰れない。一番避けたいシチュエーションです。

佐山　それは興味深いピッチャーの心理ですね。

山本　私が緊張感を持たないとダメだと言ったのは、過去の失敗があるからです。若い頃の私は、マウンドに立つとガチガチに緊張していました。そこで、周りから「もっと気楽に投げたらいいんじゃないか」とアドバイスされた。

そこで東京ドームの試合で、一度試しにヘラヘラしながらマウンドに上がったんです。結果は2回KOでした。やっぱり自分は緊張しなければダメなんだと確信しました。

佐山　なるほど。でも、これはビジネスにも通じる話ですね。

例えば、自分がアフリカの草原にいて、お腹を空かせたライオンに出くわしたら食べられてしまいます。でも、川にいる時に、ワニに出くわしても川岸から陸に上がれば逃げられる。

ライオンは草原、ワニは川という得意領域で勝負していて、その得意領域で勝負していれば負けないということなんです。会社も個人も、得意なところで勝負すれば、喰われることはない。逆にいえば、何でも得意という人はいませんから、得意ではない領域で失敗しても気にすることはない。

山本　そうですね。佐山さんも私も、失敗を重ねても気にしないところが強みだと思います。

佐山　人生は全て、勝ったり負けたりです。全勝してるってことは、楽な事しかしていないんですよ。ギリギリ勝ち越すぐらいでちょうどいい。

山本　いい言葉だなあ。確かに全勝してる人は、「挑戦をしていない」とも言えますね。

佐山　実は、全勝を目指す若い人って多いんです。しかし負けを恐れるあまり、挑戦しなかったら意味がない。たまには負けたっていいじゃないか、と言いたいですね。

20代で経験した下積みの重要性

佐山　私たちはかれこれ、プロフェッショナルとして30年以上のキャリアを持ちますが、各年代で求められる役割は異なってきましたね。

山本　佐山さんはどんな若い頃を過ごしていたんですか？

佐山　私は新卒で帝人に入社しましたが、30歳までは野球選手の感覚で仕事をしていたんです。

山本　野球選手の感覚といいますと？

佐山　野球選手は監督から言われることをきっちりするのが仕事です。だから私も、会社や上司の言うことを一生懸命やってきました。そうすれば将来幸せになれると思ったんです。「サラリーマン・オブ・ザ・イヤー」があったら、毎年ノミネートされてもいいぐらい、忠実な会社人間だったんです。

山本　サラリーマン・オブ・ザ・イヤー（笑）。

佐山　ところが、30歳で初めて、頑張ったからといって評価されないことがあると実感しました。私の所属していた部門は帝人の中心でしたから、会社に残っても50歳ぐらいまでは順調に出世することができたかもしれない。

でも、会社に残っていたら、他人に出世するかしないかを決められることになる。全員が全員、役員になれるわけではないし、社長ならなおさらです。ですから、会社に残っていたら私は、きっと文句を言い続けていたと思います。「なんでこれだけ頑張っているのに役員になれないんだ」と。

あるとき「これではまずい」と気付いたんです。「ザ・サラリーマン」をやっていてどうする、と。そこで司法試験の勉強を始めました。30歳からの自分は、20代までの自分とは別人になりました。

山本　佐山さんにも、そんな時代があったんですね。

佐山　でも、そうした時期を経験してよかったと思います。私は22歳で愛媛の松山工場に配属になり、入社3カ月後には55人のメンバーの責任者になりました。その中には、高校を出てすぐのお兄さんから、自分の父親ぐらいの歳の人までがいました。そうした人たちの昇格からボーナスまでを、全部組を代表して課内の会議で主張しなければならなかったんです。

人事考課の際には、各責任者が、自分の組の人の評価を上げるように推薦します。誰の力が上だとか……。私はその仕事が一番嫌いでした。でも私が頑張らないと、組の人たちが報われない。こうした仕事をしていると、歳は離れていても彼らが自分の子供みたいな気がしてくるんです。この人たちのためにも頑張らないといけないと思って、一生懸命やりました。

また、全員の誕生日を手帳に書きとめ、「誕生日おめでとう」と声をかけて回ったり、日付が変わった深夜にみんなで焼肉屋に行ったり、夜勤明けに野球の試合をしたり、サッカーやゴルフをしたりもしました。3年間、現場の人たちとべったりな生活でした。

そうした経験があるから、今日の私があると思います。もし、新卒で銀行に入って、中小企業の社長さんたちから、「お金を貸してください」と頭を下げられ続けていたら、何かとんでもない勘違いをしていたかもしれません。

山本　なるほど、そこで下積みの重要性を実感したわけですね。

佐山　そうです。現場の人と働いたことで、ものづくりがいかに大変かということが理解できました。現場の人たちが夜中も働いているからこそ、ものができるんです。今はスカイマークの立て直しをしている最中ですが、民事再生の申し立て後、そして会長就任後、すぐに地方空港支店を回りました。それも帝人で学んだ現場が大切だという経験が生きています。

山本　佐山さんは経営者なのに、列車や飛行機の予約もご自分でされることが多いそうですね。

佐山　列車やスカイマーク以外の飛行機の予約は、極力自分でやるようにしています。というのは、予定の変更が結構多いので、現場に行っていちいち秘書に変更を頼んでも間に合わないんですよ。

スカイマークも航空業というサービス業ですから、自分がサービス業の顧客の感覚と離れてしまったら経営者を続けられません。他の航空会社やLCCに乗ってみることもありますし、ローソンカードだのポイントカードもいろいろ持っています。マイレージの仕組みとかポイントの効率的な利用法とか、使ってないと分からないですから。

山本　いや、それはなかなかできないですよ。

佐山　自分がひとりの顧客になってみると、いろいろ気づくことがあります。例えばスカイマークの拠点の一つは神戸空港ですが、神戸空港は無茶苦茶便利ですよ。ポートライナーに乗れば神戸市内にあっという間に入れるし、駐車場も搭乗者は24時間以内なら無料です。いまは発着時間に15時間という制限がありますが、海上空港ですから本来は

24時間の運用が可能ですし、2018年に神戸市から民間が運用を譲り受けたら、将来的にはそうなっていくでしょう。いまは羽田発20時過ぎで神戸着21時過ぎの便が最終ですが、もっと遅い便も飛ばせるようになるし、海外便だっていくらでも飛ばせる。

伊丹空港は、迎えの車が来てくれる人には「近くて便利」という感じでしょうが、公共交通機関を使う人たちにとってアクセスは必ずしもよくない。この間も、伊丹からバスで京都に行こうとしたら、「補助席です」と言われて、さすがに1時間ちょっと補助席で過ごすのはしんどいので、新大阪に出て新幹線を使いましたけど。

山本　そういう話を聞くと、野球選手がどれだけ恵まれているのか改めて実感しますね。私自身、引退してからは球場に解説に向かう移動の車中で駅弁やコンビニ弁当を食べたりするようになりましたが、コンビニ弁当なんて20年くらい食べてなかったですよ。食事はかならず球団が用意してくれました。移動のチケットだって全部、球団が用意してくれて、「はい、チケット」って渡してくれてましたから。

ユニフォームの洗濯も、全部球団がやってくれていて、洗濯かごに入れておけば翌日はきれいに畳まれた状態で返ってくる。私服のクリーニングは有料でしたけど、寮にいればそれも部屋まで持ってきてもらえますし。有名高校の野球部なんかで過ごしていると小さいときからずっとそんな感じですから、野球選手は社会的に一本立ちできない人が多いんです。だから、甘言を弄して近づいてくる人に入り込まれて、変なトラブルに巻き込まれるやつが時々出てきてしまう。

私自身、寮を出るときにマンションを借りたんですが、入ったその日は電気もつかないし水道も出ないしガスもつかなかった。

佐山　どうしてですか。

山本　手続きする、ということを知らなかったんですよ（笑）。住所変更もどこに出したらいいか分からなかったし……。佐山さんの話とはレベルがぜんぜん違いますけど、やってみないと分からないというのは、そういうところですよね。野球選手って本当に特殊な世界で生きているので。

一流のアマチュアに、二流のプロはかなわない

佐山　「下積み」の話に戻ると、山本さんの20代はいかがでしたか？

山本　私の20代を振り返ると、やはり転機は88年のアメリカ留学にありました。アメリカ留学で武器となるボールを見つけ、帰国後に1軍で活躍したことで、ようやく一人前

のプロになれたんです。

ただ、星野監督はずっと、私をハナタレ坊主の扱いをしていましたから、先発ローテーションに入っても叱られ続けていました。92年に高木監督に代わると、監督は私のことを一人前扱いしてくれました。「責任を持ってやれ」という言葉をかけられ、私は主力としての自覚が芽生えました。結果、飛躍的に成績が上がり、93年、94年の最多勝につながったのです。

その後、30代になった1996年に、再び星野監督が帰ってきました。年の差は縮まりませんから、星野監督にとって私はいつまでもハナタレ坊主です。監督はまた、私に厳しく当たるようになりました。

ただし、この時の経験が、結果的に私の選手生命を長くしました。エースだからといって油断せずに、もう一度基礎体力面から鍛え直したことで、50歳まで続ける身体ができたんです。もっとも全部、自分の中で都合良く解釈しているだけかもしれませんが（笑）。

佐山　一般のビジネスマンは、30代半ばぐらいで成熟してくるものですが、山本さんは20代後半からすでに成熟していたんですね。

山本　そうですね。ただ、いちど成熟したと思っても、プロの世界は浮き沈みがあります。高木監督は大人扱いしてくれましたが、星野監督が再び来たことで、もう一回しゃきっとさせてもらった。それがあったから50歳までできたのかなと思います。

もう一つ、30歳になったばかりの95年に、鳥取でトレーニングジム「ワールドウィング」を主宰する小山裕史先生と出会ったのも大きい。私の20代は基礎を固め、パフォーマンスを最大化する10年間でしたが、小山先生と出会ったことで、30代でもう一度身体のメカニズムを一から覚え直すことができた。そして40代は、それまで培った能力を維持するために進化する時期でした。

40代になると、進化を続けなければ、実力は現状維持ができないんです。だからこそ毎年フォームを変え、プラスアルファを模索していきました。

佐山　ラジコンを始めたのもこの時ですよね。

山本　そうですね、ちょうど1995年のことです。当時の球界の常識では、30歳を過ぎると実力が落ち、35歳でお役御免になるというものでした。なんせ、40歳まで現役を続けた広島の衣笠祥雄さんが「鉄人」と呼ばれていたころですから。

私もその年、膝と肘を痛め、「ああ、俺もあと5年ぐらいで辞めなければならないのか」と思っていました。現に、小松さんや鈴木孝政さんなど、中日の先輩方も30代前半で成績が落ちていきましたから。

そのリハビリ中にラジコンに出会いました。プレーヤーたちは、1円のお金にもならないにもかかわらず、真剣な面持ちでマシンをチューニングしたり、コントローラーを握っている。私は心底驚嘆しました。

同時に、小山先生のジムには、1996年のアトランタ五輪を目指すアマチュア選手が集っていました。彼らは4年に一度の本番に向けて、猛烈な追い込みをしている。私はそれを見て、プロ野球選手の甘さを実感しました。

一流のアマチュアに、二流のプロはかないません。たとえばドラフトの上位指名選手は、いとも簡単にファームで数年間くすぶっている選手を追い抜かしていきます。ラジコンプレーヤーと、小山先生のもとに集うアマチュア選手たち。彼らの姿を見たことで、私の気持ちはもう一度引き締まり、再び自分を変えることにつながったのです。

頭で取った最多勝

佐山　なるほど、彼らは覚悟が違うと。他者と比べることで、自分の甘さに気づいたわけですね。

山本　そうです。さらに言えば、小山先生に教えを受けたことで、投球のメカニズムがわかるようになりました。以前にも話しましたが、93年と94年は調子がなぜか良くて、わけのわからないうちに勝ちを重ねて最多勝を取りましたが、97年はフォームを自分なりに作り、頭で考えて最多勝を取りました。メカニズムがわかるようになって以来、フォームを改造するのが怖くなくなりました。なぜなら、いじってはいけない部分と、いじっていい枝葉の部分がわかるようになったからです。

具体的に言うと、ボールの握り方は、ある程度変えても問題ありません。一番変えてはいけなさそうだけど、実は問題ない。一方、投げる手の反対側の肩の部分、いわゆる「壁を作る」ところは、タイミングを崩すと投げられなくなってしまいます。

佐山　何かにチャレンジするときに、やみくもにこれまでの型を壊してしまっては成果が出ない。幹の部分と枝葉の部分を見極めることが大切だ、ということですね。

山本　ええ。小山先生には初対面の時「マサ君のフォームは美しく、素晴らしい」とも言われました。これには驚きました。私はもともと、小学生の頃にテレビ越しに見た巨人の名投手・堀内恒夫さんの美しいワインドアップのフォームにあこがれていて、ずっとそれを意識していたのですが、実際には似ても似つかないフォームです。

佐山　確かに山本さんのフォームはかなり個性的ですよね。他の誰にも似ていない。でも小山先生によると、理にかなっている、と。

山本　しかも私には、野球選手として考えた場合、いくつか欠陥がありました。いい野球選手は内股と言われますが、私はがに股です。がに股だと膝に力を蓄えられず、外に力が逃げてしまうとされているのです。しかも私の左肘は、まっすぐに伸ばしきることも、充分に曲げることもできない。

けれど小山先生によると、がに股は軸足を長く直線的に使うために合理的で、力も抜きやすい。左肘が曲がらないのは、肘に頼らず肩甲骨と鎖骨の周りの大きな筋肉を使い、無理のない動きで腕を振り下ろすことができ、それにより強いバックスピンのかかった球が生まれ、球速以上の球威が出る。しかも肩や肘を壊しにくい。これには「なるほど」と思いました。

小山先生の指導を受けて以来、ボールを投げる瞬間の力強さが段違いに変わりました。かつてテレビ番組で、私のボールをスーパースローカメラで撮影し、１秒間で何回転しているか測定してもらいました。結果は、「火の玉ストレート」で知られる藤川球児投手が46回転、私はそれを上回る52回転でした。藤川投手も当然、すごいボールを投げていますが、私は直球の質では彼に勝っていたのです。

ちなみにこの回転数も、小山先生は見抜いていました。練習中にふと「マサ君のボールって52回転ぐらいだよね」と言われたことがあったんです。

佐山　どんな目をされているんですか（笑）。

山本　気持ち悪いぐらい正確で、目の中にスーパースローカメラが入っているみたいです。だからイチロー選手も心底、小山先生を信奉しています。よく先生にファーストクラスのチケットを送りつけ、一流のホテルに1週間ぐらい泊まってもらい、アメリカで体の治療を受けています。最近では月に1回ぐらい、アメリカに来てもらっているそうです。私はイチローが打ち始めると、ジムのスタッフに「先生は今、アメリカに行っていない？」と聞きます。だいたい当たっています（笑）。

中日の後輩の岩瀬仁紀投手も、同じジムに通っています。岩瀬は15年連続50試合登板という、とんでもない記録を持っています。それだけ小山先生を信頼しているんです。

人間の痛みは筋肉の硬さから出る。だから関節や筋肉をやわらかくすれば、痛みは出ず、故障は少ない、というのが小山先生の持論です。この教えを受けたからこそ、私は

50歳まで現役を続けられました。

あと転換点を振り返ると、95年に行った膝の手術ですね。この時に、「転んでもタダじゃ起きないぞ、必ず何か摑んで立ってやる」と思ったんです。

佐山　確かに、逆境の時に、何を得られるかが人間の器を決めます。大きなことを成し遂げた人は、みな「苦しい時期があるから今がある」と口を揃えています。苦しい時期はそんなに悪いものではない。もし毎日がハッピーなら、大きなことをやろう、チャレンジしようなんて思わないですから。その意味でいえば、日常の延長線上に飛躍はないんです。

山本　完全に同感です。どん底でも、しっかりともがいていれば、いずれ良い思い出になる。

成功確率5%以下の転身

佐山　そう、もがかないとダメなんです。もがいているときは、そこから得るものは何もないと思いますが、絶対何か摑んでいるはずなんです。

実は帝人に勤めているころ、4つ上の先輩が自殺しているんです。どの会社にも派閥を作りたがる人がいますが、その先輩はある派閥に入るように迫られ、それを拒否したためにいじめに遭いました。それを苦に自殺してしまったんです。子供さんが2人いたのに気の毒なことでした。

その後、私にも派閥に入るよう声がかかりました。私はそんなの嫌いなので入らないと、今度はこちらにお鉢が回ってきました。例えば毎月の実績を私が課の会議で報告すると、「佐山くん、その実験結果は本当か」と聞かれました。「本当です」と返すと、課長は若手社員に「先月の実験報告を持ってこい」と言って、私の報告した結果が合っているかどうかを確認しました。

とっさに「この人は私が嘘をつくと入れ知恵されているな」とわかりました。きっとその派閥のメンバーから、私が実験データを捏造していると吹き込まれていたのでしょう。そんなことをする筈がありません。そして、よくよく周囲を見てみると、「どうしてこの人が昇格するのか。あの人が昇格しないのか」ということが結構あることに気がつき、大企業に人生をかけるのをやめました。そこで、自分で生きていこうとして、司法試験の勉強を始めたんです。

ただ、帝人が悪いわけではなく、大企業自体が私の生き方に合わなかったということです。帝人自体は非常にいい会社で、今でも帝人の仲間には仲良くしていただいています。今日何とかやっていけているのも、帝人のお陰だと心から感謝しています。

山本　気づくところが凄いですよね。不遇な環境でも、その場で身を固めてしまう人も多いじゃないですか。

佐山　進むべき道が突然なくなって、とても落ち込みました。それまでの私はサラリーマンとして順調でしたから。だからこそ思い描いていた世界と現実の世界のギャップが大きかったんです。

山本　なるほど。

佐山　司法試験の勉強をしている最中、33歳のときに、たまたま三井銀行の中途採用の広告を発見しました。興味本位で履歴書を出したところ、電話がかかってきて、「面接に来ないか」と言われたんです。面接の場では「M&Aをやる」と聞いて、まったく経験のない仕事でしたが「面白そうだな」と思ったんです。

蓋を開けてみたら、M&Aの世界は本当に面白かった。そこから30年ほどこの世界にいます。普通なら33歳でキャリアをリセットしても出世なんてまずできません。銀行でうまくいく確率は5%以下だと思っていました。

山本　でも、興味本位で飛び込んでみたのが功を奏したわけですね。

佐山　ええ。面白そうだから転職したんです。95％成功しないけど、ダメでも道路工事でもなんでもして司法試験を受験しようと思っていたんです。当時、子供が３人いましたが、躊躇はしませんでした。

山本　その後は順調に職業人生を歩まれたのですか。

佐山　いえ、私の人生は挫折続きです。三井銀行に入社後は、手がけたＭ＆Ａのほとんどは海外の企業買収でした。そんな時、アメリカのある案件を手がけたのですが、その時は相手の売値は30億で、買い手の日本企業側は20億までなら出せる、とのことでした。そこで私は、上司に「20億と30億の間で合意すると思います」と言ったのですが、上司は「佐山君、奴らは違うんだよ。日本人の感覚でやったらダメだ」と言われました。

私は「そんなことはないだろう」と反論したくなりましたが、上司はアメリカに10年住んでいて、私は出張ベースでのアメリカ経験しかない。これは実際に住んでみないと勝負にならないなと思い、「ニューヨークに転勤させてください」と異動希望を出しました。結果、晴れて90年10月にニューヨークに転勤になったのです。私はＭ＆Ａグループのヘッドで、日本企業によるアメリカの企業の買収案件を中心にやりました。

でも私は、三井銀行の生え抜きではありません。その年の４月に三井銀行は太陽神戸銀行と合併し、太陽神戸三井銀行（後のさくら銀行、現三井住友銀行）となった直後でした。そのため同年代の社員の数が一気に増えた。しかし昇格する枠は限られています。私は東京のＭ＆Ａの部ではすごく頑張っていましたが、ニューヨークではＭ＆Ａは一つのグループに過ぎません。同期の人数の関係でトップではなかったようでした。ただでさえ合併で人数が増えていますし、日本企業の感覚で言えば「外様」の私よりも元から銀行に勤めている人、しかも人事評価する上司の立場なら自分の出身行の人を評価したくなる。おいおい、こんだけ頑張ってるのにダメなのか。そこで再び「この野郎！」と思ったんです。

山本　なるほど、生え抜きじゃなかったので、立場が弱かったんですね。

佐山　でも、ふと「いかんいかん、また『ザ・サラリーマン』をやっていた」と思い直しました。そこで、仕事の傍ら、夜間のＭＢＡコースに行くことにしたのです。調べたら、夜間のコースをニューヨーク大学が開設していました。夜間のＭＢＡに行っているのは20代のアメリカ人ばかりで、そのとき私は38歳でした。

10年後に後悔しないための決断

佐山　最初は迷ったのですが、その時にいいことに気がつきました。10年後に行ったケースと行かなかったケースでそれぞれどう考えているかを比べてみよう、と。行ったケースは間違いなく「あのとき迷っていたけど行ってよかった」と思っている。行かなかったケースは間違いなく「あのとき迷ってやめたけど行けばよかった」と後悔している。だったら行けばいい。やったケースとやらなかったケースを比べれば簡単だ。それで行こうと決めました。

しかし問題は、ＭＢＡに行くには会社の推薦状がいる事でした。会社に内緒で行くのですから、上司に頼んでも絶対書いてくれない。だから同僚のアメリカ人に頼んで書いてもらいました。

山本　会社に黙ってＭＢＡに行き始めたんですか！

佐山　そうです。だから授業もいつもギリギリでした。17時に会社が終業し、17時半から授業が始まりますから、一目散に地下鉄に乗ってウェスト4thストリートで降り、階段を駆け足で上がる。左側にブルーノートがあり、走っていくとワシントンスクエアがあって、そこに大学院があります。ちょうど授業開始の5時半ぎりぎりに着きます。

授業はすべて、一番前の席で聞いていました。講義は当然、ネイティブの英語で進むから、日本語のように全部分かるわけではありません。だから一分の隙もなく集中しながら授業を聞き、夜10時前に授業が終わってからもう一度ミッドタウンに戻ると、東京は朝になっているので、オフィスで仕事をしました。そして、深夜1時半の最終電車で家に帰る生活を続けたんです。

山本　佐山さんも血の滲むような努力をされていたんですね……。

佐山　いまでは良い思い出なんですけどね。当時、大学の事務局には「昼間のコースは2年で卒業だから、夜間だと4年かかる」と言われたんです。でも、会社に黙って4年も通うことなんてできなかった。計算したら、3学期上限の科目数を取れば、ギリギリ2年で修了できることがわかった。そこで、月火水木土曜はフルに授業を入れました。アメリカでは年に2回、1週間ずつ強制的に休みを取らなければなりませんでしたから、その期間はすべて試験勉強に当てました。

朝から大学の図書館に行って試験勉強をしました。朝、今回はダメかなと思っていても、夕方4時ごろには不思議と理解が進み、試験開始の夕方5時30分には何とか合格ラインに達していました。

山本　壮絶な体験をされていますね。高校生の時もギリギリまで勉強しなかったそうですが、その時と似ていますね。

佐山　基本的に私は、追い込まれないと力が出ないんです。

それで、実際にＭＢＡを取って、「これは日本でも実務家が経営学を教える時代が来るな」と思いました。ニューヨーク大学の大学院でＭ＆Ａを教えていたのは、ウォールストリートでＭ＆Ａをやっている人たちだったんですよ。考えてみれば当たり前ですよね。ゴルフをやったことがない人がゴルフを教えるより、やったことのある人が教える方がいいでしょ。当時、日本の大学で経営学を教えていたのは経営学者たちだけでしたが、いずれはアメリカと同じように実務家が大学院でも教える時代が来る、と思ったんです。ＭＢＡは経営学の修士号ですから、ならばドクターコースにも行こうと思いました。

日本に帰ってから、慶應とか筑波とかいくつかの大学に問い合わせをしてみたのですが、どこも夜間に授業があるんですよ。仕事の関係で、それは私には出席できない。そうした中で、東工大に問い合わせをしたら、「ドクターコースは基本的に先生とのマンツーマンになる」と言われました。調べてみたら経営工学という分野を教えておられる古川浩一先生という方がいらっしゃって、その古川先生にお会いしてうかがったら、「博士号の取得には査読付きの学会論文2本を通すことと、博士論文を仕上げることが条件。入試は英語と研究計画のプレゼンである」と言われました。何とか入試にも通ったので、今回は勤め先の銀行にも了解をとって、土曜日だけ東工大に通うことにしました。

でも、実際に始めてみると、単位を取る方が楽なんですよね。論文を通すのには時間がかかります。学者の先生方は、ビジネスの人たちと時間の感覚が違いますから。

博士論文の締め切りは、東工大に通い始めて3年目の12月でした。でも、11月の初め頃に、まだ3分の1くらいしかできていなかった。これは間に合わないかも知れないと思っていた頃に、神様に助けてもらえた。

山本　何があったんですか。

佐山　当時、少し太っていたこともあって、走ることにしていました。『ランナーズ』という雑誌も読んでいたのですが、その雑誌に読者の投稿があって、「フルマラソンは途中で足が痛くなりましたが、それを乗り越えて走り切れました」と書いてあった。それで、天気の良い日に駒沢公園に走りに行ったんですね。あそこは2・1キロのジョギングコースがあるんですが、それを10周走りました。ちょうどハーフマラソンの距離です。途中で足が痛くなってきたんですが、「ははあ、これが『ランナーズ』に書いてあった痛みか」と思って走りました。そうして2、3日後に朝起きたら床に足がつけないほど足首が痛くなっている。病院に行ったらギプスをはめられ松葉杖を使うことになってしまい、3週間ほど会社を休まなければならなくなった。それで論文が書けたんですよ。

山本　すごいタイミングですね。締め切りより後では鬱陶しいだけだし、半年前だったら佐山さんの感覚だと「まだ追い込まれていない」と思うでしょうから。

佐山　神の思し召し以外の何物でもない。私を溺愛していたおじいちゃんが助けてくれたのかと思いました。それで国立大学が独立行政法人化する2004年4月に一橋大学に呼んでもらって、いま13年目（注・対談時）になります。一橋が私を呼んでくれたのは博士号を持っていたことが大きかったと思います。

私がやってきたことは、他の人から見たら「なんでそんなことするの？　あほちゃうか！」ということばかりなんですよ。メーカーから銀行への転職、M&Aという仕事、仕事しながらのMBA取得、その後の博士号取得、投資会社の設立……。でも、みんなが「あほちゃうか」と思うことをやってきたことで、私の世界は広がったんです。みんながやっていることばかりやったって差別化できないし、競争相手はたくさんいるけど、「あほちゃうか」と思われるくらいのことはまだやっている人もいなくて新しい世界なんです。

山本　佐山さん、本当に行動力ありますよね。

佐山　それは私が進学校でみんなが受験勉強している中で高3の夏まで野球をやっていたおかげです。

「やり残したことはない」と思ってマウンドに上がる

佐山　これまで数え切れないほどの勝負をしてきたと思いますが、山本さんの考える「勝負」とは、どのようなものなのか教えてもらえますか。

山本　やはりプロの世界ですから、力が拮抗している者同士の戦いが、すなわち「勝負」です。

佐山　逆に言うと、明らかに差があると勝負にならない、と。

山本　ええ。その中で緊張感が生まれるのだと思います。そして、緊張感とは、「失敗したくない心」のことで、これがないと本来の力を出せない。私は500試合以上投げましたけど、毎試合極度に緊張していました。

前に話しましたが、「マサさん、緊張しすぎなんじゃないですか。もっと気楽に投げたらいいんじゃないですか」と言ってきた周りの意見に従って、ヘラヘラと投げたら簡単に打たれてしまった。その「周り」というのは同僚の立浪選手なんですが、あいつは天才肌なのか、ぜんぜん緊張しないタチなんです（笑）。

ただ、緊張感はなくせないけど、うまく付き合うことはできる。緊張感を持っているのは、失敗したくない、恥をかきたくないという気持ちの裏返しですから、そんなに悪いものではないんです。

佐山　山本さんでも失敗したり、恥をかいたりした経験がたくさんあるんですね。一番「これは失敗した」という経験を教えてもらえますか。

山本　６年目のシーズンの巨人戦で、相手の先発投手が桑田（真澄）投手だと予想していたところ、木田（優夫）投手だった試合がありました。大変失礼ながら、「なんだ、木田じゃないか。これなら勝てる」と思ってしまった。なぜかというと、前年、私と木田投手は同じアメリカ留学をしていて、私は13勝で防御率１位、彼は６勝程度しかしていなかった。直接対決でも投げ負けたことがなかったんです。

しかしその試合、私は初回に5点取られてしまうんです。球のキレもコントロールも悪く、ボコボコに打たれてしまった。きっと「勝てる」と思って気が緩んでしまったんでしょう。自分が恥ずかしくなりました。

佐山　なるほど、ネジが緩むとろくなことがないですね。

山本　初回に5点取られて、2回表の私の打席には代打が出されました。人生で最短の1回KOです。結局その5点が響き、木田投手に初勝利を献上してしまいました。

佐山　そんなときはどうするんですか？　終わった後、すぐに帰るとか。

山本　帰れません。ベンチで最後まで声出しをしています。

佐山　そうしたときはベンチにいるのも辛いですね。試合後はどうなったんですか。

山本　まずはミーティングで星野監督に叱られました。当時は1軍投手が10～11人で、今の12～13人よりも少なかった。プロ野球は28人が1軍登録され、そのうち25人がベンチ入りするので、3人は「上がり」になるんです。

多くの場合、その3人は投げ終えた先発投手です。しかし1回でKOされると、翌日もベンチに入らなければならず、休みが剝奪されるんです。おそらく今は、いいピッチングをしても打たれても、先発投手は休みがもらえると思いますが。

佐山　6年目ということは、まだチームで確固たる地位を築く前のことですね。だから、「休みはなしだ」と言われたら、そうせざるをえなかった。

山本　ただ、あの時に星野監督に叱られたことで、逆に気が引き締まりました。あの試合以来、「マウンドには〝やり残したことはない〟という気持ちで上がろう」という意識が強くなった。そうすれば、緊張感も幾分やわらぐと思ったのです。

佐山　「やり残したこと」とは、例えばなんですか？

山本　調整中にランニングをサボった、とか。私の場合は、すぐそうしたことを思い出してしまうんです。マウンドで「あ、ランニングをサボったから体のキレが悪い」と思ってしまう。

佐山　つまり、しっかり練習をすることは、メンタル面にも効くと。

山本　前にも言ったように、シーズン中は登板日と登板日の間に必ずルーティンとしていた練習メニューがありました。これは必ずきっちりやる。それさえやれば、投げてからの3日間は何しようがかまわない。そうして自分にメリハリをつけていたんです。

ただしシーズンは長いから、練習中に体調が悪かったり、雨が降って気分が乗らなかったりすることもあります。その時はつい練習から逃げてしまいますが、ツケは必ずマウンドで払うことになるんです。「ああ、サボってしまったな」と思い、余計に緊張してしまう。

佐山　なるほど。やりきれば、自分にも自信が持てるということですね。

勝利を呼び込むためにゲン担ぎも

山本　プロ野球選手って楽しそうに見えるかもしれませんが、マウンドに上がって楽しいと思ったことは一度もありません。あそこは勝負の場ですから。

佐山　わかります。見ていても大変だと思いますよ。

山本　ただ例外があって、完封ペースの8回、9回だけは別です。あれは楽しい気持ちで投げています。

佐山　そのあたりの心情も面白いですね。完封ペースのときは気持ちも乗っているのですか。

山本　基本的にはそうですね。もちろん、1－0の時はきついですが、5－0、6－0だと非常に楽しい。楽勝という気持ちになります。

佐山　そうしたときは、完封の達成率も高まりそうですね。

山本　ええ、私は5－0、6－0の試合では、ほとんど完封できたんです。8回まで0点なら相手も諦めてくれますから。私も「もし打たれたら抑えのピッチャーに代わってもらえばいいや」という気持ちだから、どんどん投げられる。

佐山　逆に１－０の時は力が入る。

山本　そうなんです。だから、野球は自分との勝負ということもできます。シーズン中はストイックな生活をして、オフになったらいろんな趣味を解禁できる。プロ野球の世界は実力が近い者同士が戦うわけですから、少しでも上回るためには普段の行いをよくしなければならない。

だから、ゲン担ぎをしたくなることもあるんです。私の場合は、１球のツキが欲しいために、シーズン中は大好きな「紅茶花伝」を我慢していました。「ビールを飲むな」と自分に言っても無理なのはわかりきっているので、できる範囲のゲン担ぎにすることが大事です。また、グラブとスパイクは必ず試合前に綺麗にしていました。

佐山　なるほど、結構昔かたぎですね。年間ですごい数の試合をこなしますが、グラブはどれくらいもつものなんですか。

山本　プロ選手はスポンサーをしてくれるメーカーから年間３～４個もらえるんですが、私は「使うのは１個」と決めていました。

佐山　確かに、新しいグラブは手に馴染むまでに時間がかかる。私もそうでした。

山本　中日時代に同僚だった久慈選手（照嘉、内野の名手として知られる）は、10年ぐらい同じグラブを使っていました。メーカーからは毎年、同じ型の新しいグラブが送られてきますが、微妙に同じにならないんです。だから、破れたらそれをメーカーに送り、縫ってもらっていたそうです。

佐山　久慈さんほどの名手になると、わずかな感覚の違いを気にしそうですね。

山本　ええ、本人が言っていたのですが、使い込んだグラブだと、球に触れた瞬間に自然と真ん中のくぼんだ部分に入っていくそうです。そのため本人は「このグラブは特別だ」と言って、毎日磨いていたそうです。

佐山　山本さんはグラブにこだわりはあるんですか。たとえばメーカーとか。

山本　久慈選手はローリングスを使っていましたが、私はミズノを使っていました。軽さと大きさがピッチャー向きだったんです。

勝負の流れが変わる瞬間

佐山　ちなみに長いシーズンだと、「ここが勝負どき」という場面も結構あったと思いますが、そのときはどのような心構えで臨んでいましたか。

山本　そうですね。まず全体から言えば、1試合でも流れはコロコロ変わるんです。プロは実力が拮抗していますから全敗するチームなんてなくて、最下位でも4割くらいの勝率があります。だから試合中でも、1球の失投や一つのエラーで大きく流れが相手に傾くことがあります。

私自身「流れを相手に渡すプレー」をしでかさないために、全力で練習しました。投手の場合、バントをきちんとしたり、守備でエラーをしないのは大前提です。また、直前の攻撃でチャンスを逃した場合、相手が乗ってくるから、その時は気を引き締めてマウンドに上がります。あるいは6番打者から始まるときは「ここで三者凡退に抑えれば、次のイニングは9番の投手から始まり、先頭打者でアウトを取れる確率が高まる。だから次のイニングも楽に投げられる」などと考えていました。

漠然とマウンドに立つことはありませんでした。いつも流れを考えていたのです。この部分は年齢とともに進化していて、体力は若いころが一番でしたが、40を超えてから明確に勝負の流れがわかるようになりました。

佐山　試合の流れと言えば、2015年11月に行われた「プレミア12」準決勝、日本vs.韓国戦は印象的でしたね。あの試合、先発の大谷（翔平）投手が7回まで完封ペースで投げていて、7回終了時点で3－0で勝っていた。
しかし小久保監督は、8回から則本（昂大）投手に代えた。彼は8回は抑えたものの、9回にピンチを迎えて降板、その後を継いだリリーフ投手が韓国打線に打たれ、結局3－4の逆転負けを喫してしまいました。素人目ながら、大谷の降板で流れがガラッと変わった気がします。

山本　たしかにあの試合は8回まで大谷投手で行っていれば結果は変わっていたかもしれません。

佐山　山本さんにもこうしたワンプレー、一つの采配で流れが変わった出来事ってありましたか。

山本　2006年、日本ハムとの日本シリーズ第2戦です。中日の先発が私、日本ハム先発が当時ルーキーだった八木（智哉）投手でした。私は順調に投げ、5回時点で2－1と勝っていたんです。
5回裏の攻撃では、7番の井上選手、8番の谷繁選手が連続でヒットを打ち、ノーアウト1、2塁で私に打席が回ってきました。ベンチから出たサインはバント。そこで私は3塁線にバントを転がしたんですが、相手投手のフィールディングが良くて、3塁でアウトにされてしまったんです。結局、その回は点は取れませんでした。

私は直感的に「嫌な流れになったな」と思いました。すると7回表に2点を取られ、私は負け投手になってしまいました。

佐山　なるほど、そのワンプレーで試合を落とした、と。

山本　その一試合だけではありません。第1戦では川上（憲伸）投手がダルビッシュ投手相手に堂々たるピッチングをして、4－2で勝っていたんです。もし第2戦ものにしていれば、中日は日本一にグッと近づいていた。

しかし私のワンプレーで流れが変わってしまい、第2戦を落とした。それが日本ハムを勢いづかせ、結局そのまま4連敗してしまったんです。あのバントを成功させていれば……と、今でも悔しい思いがします。

佐山　ワンプレーがシリーズ全体の流れを変えるとは、恐ろしいものですね。

山本　88年、アメリカ留学から帰ってきて、初めて出場した日本シリーズでも苦い思い出があります。1勝1敗で迎えた第3戦に先発し、相手チーム・西武の先発は工藤（公康）さんでした。

1－1の同点だった6回裏、私が投げているときに、相手がバントを繰り出してきた。

そのボールが大きく跳ね、サードとお見合いしてしまったんです。最初は私が取ろうと思って、グラブを出したんですが、サードも突っ込んできたから、つい手を引いてしまった。するとサードも手を引き、ヒットにしてしまいました。

結果、ノーアウト1塁2塁のピンチを招き、その回3点を取られました。そして逆転負けしてしまったのです。第4、5戦でも敗れ、西武に日本一を取られてしまいました。

佐山 恐ろしいですね。本当に一つのプレーが、シリーズ全体の流れを決めてしまう。

山本 そうなんです。両方ともシリーズの流れを決めたワンプレーとして、自分の中ですごく悔いが残っています。

佐山 そうした経験をされているので、解説者になってからも、「ここで流れが変わる」とわかるんじゃないですか。

山本 ええ。「このプレーで流れが変わりますよ」「この交代は相手に流れを渡してしまう」といって、実際にそうなることも多いですね。

たとえば2015年の日本シリーズ、ヤクルト対ソフトバンク戦は、日本テレビ『NEWS ZERO』のキャスターの一員として、神宮で行われた第3~5戦を取材したのですが、第3戦では神宮に入ってすぐに、「この試合は乱戦になる」と思いました。

その日は風が強く、自分が幾度となく投げた経験から、ホームランが出やすいと確信していたのです。

実際その試合は、5回終了時点で5－4の打撃戦になり、山田（哲人）選手が史上初の3打席連続ホームランを打つなど合計6本のホームランが飛び交いました。第1、2戦では完全に抑えられたヤクルト打線が蘇り、8－4でヤクルトが勝利しました。

次の第4戦では、私は「ソフトバンクは4番李大浩、ヤクルトは5番雄平が鍵になる」とにらんでいました。ヤクルトは3番山田、4番畠山が前日にホームランを打っているため勝負を避けられる場面が増える。だからこそ、その後を打つ雄平の出来が鍵だと思ったんです。

結果は李大浩が3安打4打点の大活躍、雄平は5打数無安打に抑えられ、ソフトバンクが6－4で勝利しました。そうした話を事前にスタッフにしていたものだから、「山本さん、なんでわかるんですか?」と驚かれ、当日の『NEWS ZERO』でも私の話が取り上げられました。

勝負に関わる者は麻雀をやるべし

佐山　いやはや、恐れ入りました。ちなみに山本さん、麻雀はやりますか。

山本　やりますよ。麻雀を語らせたら結構長くなります（笑）。

佐山　そうでしょう。私は、勝負に関係する人は、みんな麻雀をやったほうがいいと思っています。あれほど勝負の流れがわかるものはありません。流れがきているときは、強気で攻めれば周囲が降りてくれるし、ちょっとでも弱気になると流れを相手に持って行かれる。

山本　わかります。統計的には、相手のリーチに対して攻めていても6回に1回ぐらいしか当たらないそうです。でも「どうだろう、通るかな……」と弱気になると、一番安全そうな牌が当たったりする。変な降り方をすると、逆に当たりやすくなることもありますよね。

佐山　あとは、切り間違いは流れを損ないます。場を見ずに不用意に切ってしまうと当たりやすくなる。

山本　そうですね。二つあるトイツのどちらかを整理するとき、きちんと理論があれば流れは変わらないのですが、ヤマ勘でやってしまうと外れたときに流れが変わる。

佐山　野球選手は結構、麻雀をされるんですか。

山本　実はドラゴンズの寮には麻雀台があって、寮長から「麻雀ぐらい覚えろ」と言われていたんです。だから高卒の18歳からやっていました。

その中で一度、宝くじが当たるよりも珍しい経験をしたことがあります。そのときのメンツは、鹿島忠さん、仁村徹さん、そして斉藤学さんでした。僕ら野球選手はせっかちなので半荘戦はやらず、いつも東風戦なんです。

そのときは東4局のオーラスで、鹿島さんがダントツでした。そして6巡目でリーチをしたんです。その時私は、国士無双の手が進んでいました。でもリーチがかかってしまったから、スピードで勝てないと思って、降りようとしました。

一方で鹿島さんはなかなか当たりが引けない。私もだんだんと手が進んで、ついにテンパイしてしまった。そんな中、私の対面にいた仁村さんが、北をポンした。内心「リーチがかかっているのに、攻めるなあ」と思いました。

すると、鹿島さんから東がこぼれてきた。私の当たり牌でした。そこでロンと言おうと思ったら、仁村さんもロンと言った。仕込んでいたのは小四喜でした。つまり、役満ダブルロンが起きたんです。

佐山　そうですか、私も見たことがありません。

山本　しかも鹿島さんは両面待ちで、そんなに出なさそうな待ちではなかった。当たった鹿島さんは呆然としていましたし、もう一人の斉藤さんも開いた口がふさがらない感じでした。ほとんど漫画の『アカギ』のような世界です。

佐山　そのときは流れの変化を感じていたんですか？

山本　いや、私はベタ降りをしていましたから。トップの親リーチに立ち向かう理由はなかった。でも降りているうちに、だんだんと国士無双に必要な牌が揃ってきてしまった。だからみんな「鹿島さん、早くツモってくださいよ」と軽口を叩いていたら、とうとうダブルロンになってしまいました。

佐山　鹿島さんのそのときの心境は想像を絶するものがありますね。

山本　昔ですから、役満当てられると怒り出す先輩もいたんです。鹿島さんとの麻雀とは別の時ですが、ある先輩と麻雀をしたときは、私が役満を上がったら先輩に点棒を投げつけられたこともありました。

佐山　そんな理不尽なことが（笑）。

山本　その先輩は私が上がるたびに怒るから、途中からできるだけ穏便に降りようと思ったんです。すると、次の局で私以外の3人からリーチがかかった。そこで私は「もう降ります」と言って、わざと手牌を見せて打ち始めたんです。

ところが、ベタ降りしていたつもりが、いつのまにか四暗刻単騎のテンパイになってしまった。残りの3人はリーチをしていて、ツモ牌をそのまま切らなければならない。私は手牌を見せていたから、当たり牌が出ればそのままロンするしかない。だんだん場がざわつき始め、メンツの一人が「おい、お前やばいぞ」と言いました。そうしたら、自力で当たり牌をツモってしまいました。四暗刻単騎はダブル役満ですから、その先輩は怒りながらも呆れていました。

佐山　それほど珍しい場面を経験するとは、山本さんは天性の勝負師なのかもしれません（笑）。

「君たちには時間がない」

佐山　現在は新しい世界で仕事をされていますが、今は何が勝負だと思っていますか。

山本　まずはたくさんの方に話を聞いてもらうのが勝負だと思っています。そのため、新幹線の中で本を読んだりして、話す引き出しを増やしています。

また考えたことはすぐにノートにつけるようにしています。家の中で起きた些細なことでも、「これは話のネタになるな」と思ったら、すぐにノートに書く。私は喋りのプロではないので技術ではかないませんが、経験をノートに書きとめておけば、勝負できると思うんです。

佐山　いいですね。確かにアイデアは書かないと忘れます。私もいい考えを思いついたときは書くようにしています。

かつて一度だけ、朝5時に目が覚めて、素晴らしいアイデアを思いついたことがありました。しかし眠気に負けて寝てしまったら、再び目が覚めたときにはすっかり忘れてしまった。これはもったいないことをしました。未だにそれが何だったか全く思い出せません。面白いことを思いついたらメモるようにしています。

山本　講演の事前準備にもノートを活用しています。一つのページに、講演の日時、持ち時間、呼んでくれた団体、相手からのリクエストを箇条書きにし、そこから話の内容を全部書き出してみます。すると、どんな相手にもそれなりに内容のある話ができる。

もちろん内容は相手によって変えていきます。先日は、プロ野球の新人選手全員の前で40分間講義をしました。その際には、「案外、君たちには時間がない」ということを伝えました。

佐山　山本さんの言葉は重みがありますね。新人選手も身が引き締まる思いだったんじゃないですか。

山本　そうかもしれません。強調したのは、「5年経ったら、ここにいる半分はプロの世界から消えている」ということです。これほどまでに、この世界は厳しいことを伝えたかったのです。

一方で、学生さんが相手のときは、自分がこれまでどのように成長してきたかなど、ある程度一般的で普遍的な話をします。最近では講演の数も増えてきましたから、内容が重ならないように注意しています。

佐山　講演のときどきで、場の雰囲気も違いますよね。話していて「これはいける」と感じるときもあるんじゃないですか。

山本　もちろんあります。そうしたときは、話しているとすぐにわかります。

佐山　私も講演の経験が少なくないですが、聴衆の姿勢によって、雰囲気は全く変わります。「聞きたい」と思って来ている人たちは、みんな前のめりで聞いてくれます。しかし時には、「上司に言われて来た」「暇だから来た」という雰囲気が前面に出ている人たちのときもあります。

山本　ええ、そういうときは辛いですよね。これは本で読んだ知識なのですが、全員が聞いてくれなくても、こちらを見ている数人に向かって話しかけるように講演をすると、結構うまくいきます。

佐山　なるほど。他に心がけている点はありますか。

山本　大事な事は繰り返し3回言う、3つの伝えたいポイントを示す、など結構基本的なことですね。

佐山　しかし、それほどまで頑張って話しても、たまに寝ている人も目にする（笑）。

山本　そうした人たちはスルーしています（笑）。

佐山　いずれにせよ、お客さんと波長が合えば「今日はうまく伝わった」と感じて、こちらも気分良くなります。その逆はつらいですが。

山本　そうですね。講演の最初では、いつもちょっと自分を落として笑わそうとします。「普段は大体、これくらいの反応がある」と予測していますが、それが外れると「あれ？」と思う。しばらくは「まあ、いいか」と思って淡々と話をつなげますが、それでも反応が乏しいと焦ってきます。

佐山　わかります。鉄板の話が外れると、私も「どうしよう」という気になります。

山本　ただ心がけているのは、反応がどうであれ、絶対に時間オーバーしないこと。もっと聞きたい人もいるかもしれませんが、その後に予定があって帰りたい人もいるかもしれない。だから、必ず終了時刻1分前には話を切るようにしています。

佐山　大したもんですね。私は大体オーバーしてしまいます。

山本　私はいつも、はっきり言います。「すいません、今日は時間になりました。これ以上聞きたかったら、また呼んでください」と。実際にそれで再び呼んでもらったところもあるんです。

時には席を立つ勇気を

山本　ちなみに佐山さんはどのように勝負時を見極めているんですか。

佐山　M&Aの交渉はつねに「勝負」です。勝負である以上、善戦してもダメで、結果を出さないといけない。ラッキーでもなんでもいいから、勝つことが重要なのです。

そこで、事前にすべてのパターンをシミュレーションします。おおよそ落とし所はここになるから、そこにたどり着くためにどう話を持って行こうか、とか。そのときに山場となるのは、実は交渉の最初です。まずは最初にガツンと流れを作らないといけません。

山本　私は野球の勝負しか知らないですから、「最初からガツンとかます」など、人間的な勝負はまだまだです。佐山さんのように60歳までには身につけられるかもしれませんが。

佐山　初対面で難しいのは「こいつ嫌な奴だな」と思われたら終わり、ということです。あまり強気すぎると相手が引いてしまいます。しかし交渉を有利にするためには、なめられてはいけない。そのあたりの加減が難しい。

一番難しいのは、絶対に呑めないことを要求されたときです。交渉の余地はないので流れを変えないと状況は打破できません。そんなときは時間の無駄なので、私は「もうやめましょう」と言って席を立つことにしています。

銀行員としてアメリカでM&Aをしていたころ、ある現地の会社と買収交渉をしていました。こちらからは日本から来た社長などの幹部も含めて7、8人が同席、向こうは意思決定のできるCFO（最高財務責任者）と弁護士の2人だけでした。こちらが買い手で向こうが売り手。向こうは会社を売りたいに決まっているから、こちらとしては結構強気の交渉ができました。ところが、ある条件を提示したところ、ＣＦＯが持っていた分厚いファイルをバタンと閉じて「オーケー、ノーディール」と言って部屋を出ていってしまったんです。そのとき、残された日本側のメンバーは呆然としました。これには完全に参りました。交渉に長けたプロの技ですね。

山本　なるほど。将来、私が再びユニフォームを着たときには、そういうやり方も覚えないといけないんでしょうね。

佐山　大事だと思います。対選手でも、対審判でも、対野球機構でも、いろんな局面で応用が可能です。生きている限り、理不尽なことを言われる場面はあります。そのときにはまともに話し合っていてもしょうがない。流れを変える何かをしなければなりません。

山本　席を立つ勇気も必要だということですね。

佐山　ええ。とはいえ、いつも席を立つような真似をしているわけではありません。これはあくまでも、交渉の余地がなくどうしようもないときです。普段は話し合いの中で、自分がゴールとしている条件まで粘り強く持っていきます。

ただ、どこがゴールかは相手には悟られないようにしなければなりません。

今でも強烈に覚えているのが、ある入札案件で、二次入札の最終日に、思った提示がなく成立しないかなと思って臨んだ最後の会社との面談で、思った以上の提示額があったときのことです。「佐山さん申し訳ない。これが限界です」と先方の出してきた書面を見ると、予想以上の金額が書いてありました。私は思わず強烈に頬が緩んでしまいました。まずいと思って引き締めようとしても引き締まりませんでした。自分で緩んでいるのを感じたのですから、かなり顔はにやけていたと思います。人間、嬉しいときには、表情を引き締めようと思っても引き締められないものです。そのとき、隣にいた弁護士さんの顔を見ると、私以上に緩んだ表情をしていました（笑）。だから交渉の場ではポーカーフェイスが大事なのですが、私にそれが本当にできているかといえば、鏡があるわけではありませんので自信がありません。

寸分たりとも気を抜けない

佐山　山本さんは感情が顔に出るほうですか。マウンドではいつも表情を変えずに、淡々と投げているようなイメージですが。

山本　どうでしょうね。意外と顔に出ていると思います。投手の何が大変かというと、サッカーやラグビーと違って、時間が経ってもアウトが取れないと終わらないことです。だから2死無走者、9番打者でも、真剣に投げなければならない。その打者を塁に出せば1番に回り、ランナーがたまればホームランで4点取られてしまいますから。

その意味では、マウンドに立つ以上、気持ちを「抜く」ことができないんです。星野監督にはよく「お前はノーアウトからランナーを出す」と叱られました。ただ別の試合では「せっかくワンアウトとったのにランナーを出しやがって」と叱られ、また別の試合では「ツーアウトからランナーを出すな」と叱られた（笑）。

佐山　要するに、ランナーを出すなということですね（笑）。

山本　ええ。ただ、口すっぱく言われていたので、「寸分たりとも気を抜かない」ことが身体中に染み渡りました。前にも言いましたが、星野さんにとって私は、いつまで経ってもハナタレ坊主なんです。だから若い投手が何か失敗しても、私が代わりに叱られました。「お前がノーアウトから打たれるから、若い奴らが真似して同じように打たれるんだ」と言って。

でも星野監督からすれば、怒る相手がいて楽だったんではないでしょうか。「とりあえずマサを叱っておけば若い奴らがピシッとする」と思っていたりして。だんだんと皆、こうした構造が理解できてきたから、私が監督に呼ばれるとニヤニヤしだす先輩もいました。「あいつ、また叱られるぞ」と。

佐山　でも、期待していない人を叱らないでしょ。

山本　そうですね。だから今でも、星野監督には何かあると真っ先に相談します。100勝のときも、150勝のときも、200勝のときも、引退するときも、最初に電話をしました。もしコーチの話をもらったとしても、最初に電話をするでしょうね。

ただ若いころは、監督が怖くて、よくベンチと戦っていました。フォアボールを出したときにベンチをちらっと見ると、監督が椅子をどーんと蹴っている。それが怖くてしょうがなかった。

佐山　それは怖い（笑）。

山本　でもいつのまにか、ベンチの方を見なくなりました。ひょっとしたら経験を重ね、自信がついたのかもしれません。打者ではなくベンチと戦っていたら、100％の力は出せませんから。

佐山　話を聞いていると、当時の経験は「いい思い出」だと感じているみたいですね。

山本　そうですけど、もう一回やれって言われたら正直やりたくないですね（笑）。引退会見でも言ったんですが、私は心底、人生は一度きりでよかったと思っています。小学校からもう一回やり直しても、プロにはなれないし、ましてや200勝なんて絶対にできないでしょう。

佐山　そうですね。一発勝負だから気合いが入ってできることもある。私も同じような傾向があります。

ピンチの時こそど真ん中に投げる

佐山　ちなみにピッチャーにとって、ポーカーフェイスでいるのと、表情でバッターを威圧するのとでは、どちらが重要なのですか。

山本　私は個人的に、飄々としてるやつのほうが憎たらしく感じます。ベイスターズの久保（康友）投手が代表例ですね。彼はタイミングを外すのがうまく、ランナーを背負った時は球速を抑えて、スーパークイックモーションで投げる。どのバッターもそれにやられるわけです。

でもさらに重要なのは、一球一球開き直って投げることです。ランナーを背負って「やばい」という気持ちがあると、アウトコース一辺倒になりますが、それでは抑えられません。踏ん切りをつけて、打者が得意とするコースにも投げ込まないといけない。

若い投手はピンチになると、球種が偏ったり、ストライクが入らなくなったりします。するとドツボにはまっていく。私はむしろ、満塁のときほど堂々と投げるようにしていました。満塁だと押し出しのリスクがありますから、初球は思い切ってど真ん中に投げるんです。

佐山　打たれるリスクを冒してでも、真ん中に投げるんですか。

山本　そうです。なぜかというと、アメリカ留学で聞いた話ですが、全フォアボールのうち7割は初球ボールなんだそうです。私は1試合平均でフォアボールは一つちょっとしか出しませんから、初球ストライクをとれば、だいぶ押し出しの確率を下げることができる。当然、バッターも緊張していますから、案外初球ストライクは見逃してくれるんです。すると、フォアボールの危険性が幾分和らいだところで、落ち着いて打ち取るための策を組み立てていける。そこからコースを散らすようにしています。

佐山　興味深い投手心理ですね。後輩にも教えたんですか。

山本　いや、あまり言ってもわかってくれません。「もっとコースに投げればいいじゃないですか」と言われてしまう。なぜかといえば、投手ってストライクゾーンギリギリに投げる練習はしていても、真ん中に投げる練習はしていないんです。だから多くの場合、「真ん中に投げろ」と言われると、逆に緊張してしまう。

佐山　なるほど。ちなみに山本さんは得意コースはあったんですか。

山本　はい。打者の左右問わず、アウトローに投げる練習を最も多くしていました。なぜなら、ここに投げるのが一番打ち取れる確率が高いからです。もっとも全球、寸分の狂いもなくコントロールすることは不可能ですし、そこばかり投げていると、打者も気づいて踏み込んで打ってきますが。だから多少はインコースにも散らさなければなりませんが、アウトローには意識して投げるようにしていました。

佐山　よく、高めのストレートで振らせる投手もいますが、あれはやらなかったのですか。

山本　たまにやりましたけど、あまり意味はありません。実は、大して打者を乱せないんですよ。それよりもアウトローのほうが失敗が少ない。

注意しなければならないのは、微妙なコースに投げれば打たれにくい反面、審判によってはストライクを取ってくれないことです。だからツーナッシングやツーストライクワンボールなど有利なカウントなら、ギリギリのコースを狙いますし、ワンストライクツーボールなどボールが先行していたら、少し甘めでもできるだけ外さないように投げます。そのときは「まあ、打たれてもしょうがない」という気持ちです。

インコースはさらに注意が必要です。手元が狂うとデッドボールになりますし、そもそも打者にとって、体に近いボールの方が力をバットに乗せやすい。打たれると長打になりやすいんです。

佐山　なるほど、納得感がありますね。

相性の悪いバッター、良いバッター

佐山　嫌なバッターはどんなタイプでしたか？

山本　ヤクルトにいた土橋（勝征）選手は嫌でしたね。毎試合前、スコアラーが相手の打者の調子をレポートしてくれるのですが、土橋選手の場合は、直近で調子が悪くても、私のボールはよく打った。

あとは同級生の古田選手です。最も打たれた打者の一人が古田選手で、3割台後半の打率だと思います。

佐山　それはどうしてだと思います？

山本　一言では言えませんが、こちらの心理がある程度読まれていたのは確かでしょうね。現役を退いてから彼に聞いたんですが「俺、マサ用のバットを作ったんだ」と言っていました。アウトローによく球がくるから、流し打ちでホームランにしようと思って普通よりも長めのバットを作った、と。思い返せば、あいつにはよくライトスタンドギリギリにホームランを打たれていました。狭い神宮球場だからこその攻略法ですが、徹底的に対策を打ってきていましたね。

佐山　読まれていたんですね。

山本　一方で、意表をつくつもりでインコースにカーブを投げると、今度はレフトスタンドにホームランを打たれたりとか。毎年打者との相性は変わりますが、古田は一貫して相性が悪かったです。

佐山　逆に、得意な打者はいたんですか?

山本　清水隆行選手（巨人→西武）や駒田徳広選手（巨人→横浜）、桧山進次郎選手（阪神）や稲葉選手（ヤクルト→日本ハム）は、引退するまでずっと相性がよかったですね。共通しているのは、全員左バッターなんです。

ちなみに清水選手は2002年にセ・リーグの最多安打のタイトルを獲得したヒット

メーカーですが、私からは西武に移籍する前年までノーヒットだったんです。まだ予告先発がなかった時代は「偵察メンバー」という方法がありましたが、私が先発だと清水選手はスタメンから外れていました。一方、左投手が苦手なわけではないから、別の左投手が先発だと、清水選手はスタメンでした。

佐山　どの打者にも投手にも、相性はあるんでしょうね。

山本　ええ。不思議と相性のいい打者だと、普通に投げてもいいコースに決まる。苦手な相手だと、意識しても真ん中に入ってしまうんです。

「自分のため」が「チームのため」につながる

佐山　プロ野球選手はチームの勝利とともに、自身の成績も上げなければならない。組織のための仕事と、自分のための仕事については、どのようなバランスで考えているのですか。

山本　こんなこと言っては誤解されるかもしれませんが、まずは自分の給料のために頑張ります。野球は個人のプレーの集合体がチームの成績になります。ですから一旦マウンドに上がれば、自分のために頑張ります。

でもチームのために行動することがゼロかといえば、そうではない。たとえばマウンドに上がる前に「マサ、いまは優勝争いの勝負どきだから、中４日で行ってくれ」と言われたら、チームのために中４日で投げます。だから、マウンドに上がったら自分のため、それ以外はチームのためという意識です。とくに私はチーム最年長になってから十数年間プレーさせてもらったので、後輩たちに背中を見せたい気持ちは強かった。アドバイスを求められたら、気軽に教えていました。

ただ、意外に思われるかもしれませんが、派閥や群れることは嫌いなんです。中日にはずっと、選手間の派閥がないんです。私は一匹狼ですし、次に年長の岩瀬投手も派閥に興味がない。だからどの選手も派閥を作りようがない。話を聞く限りでは派閥が強いチームもあって、それが全体の成績を損ねているところもあります。私が50歳まで選手を続けられたのは、変な派閥を作って全体の雰囲気を悪くする選手がいなかった中日というチームに所属していたことも一因だと思います。

佐山　そんなことにエネルギーを使うのは余計ですからね。

山本　ええ。だから引退後も、あまり人に会うのは好きじゃないんです。おかげさまでいろんな方に声をかけてもらいますが、自分が楽しみで行く場合を除き、政治的な場には極力出向かないようにしています。

一方、打者の場合は、投手よりも多少はチームのためという意識が強いと思います。バントや進塁打はチームのためのプレーですし、守備も周りと連携しなければできない。投手がプレー中に「チームのため」を思う場面があるとすれば、それは1イニングでも長く投げることです。「ここで踏ん張ればリリーフ陣に楽をさせられる」と思うことはあります。ただ長く投げれば自分の成績が上がりますから、結局は「自分のため」の延長線上にある感じですね。現に中日の監督・GMだった落合さんも、いつも「自分のためにやれ」と言っていたんです。

佐山　そうですか。想像どおりでした。

山本　ええ。落合さんの持論は「個人がいい成績を出せば、チームのためになる」というもの。私も同感です。

佐山　ビジネスマンの場合は少し違って、私は「個人と組織はギブアンドテイク」だと考えています。新入社員として入社したときは、会社に与えるものよりも、会社から得るもののほうが大きい。非常にアンバランスな状態です。個人が力をつけていくと、これがどんどんバランスしていく。そして、あるところを超えると「これだけやっているのに組織から得られるものは少ない」という状態になる。そのときに自然に転職を考え出します。経営者からすれば、力をつけてきた社員にそう思わせないように処遇しなければならない。その人を報酬面で報いたり、大きな仕事を与えないといけない。つまり、今度は逆に経営者側がバランスをとる必要が出てくるんです。

山本　なるほど。

佐山　あと、私が若い人たちに言うのは、「社内価値だけを考えるな」ということです。会社に入れば当然、上司から評価されなければ大きな仕事はできません。でも社内で一生懸命仕事をすると、社内での価値だけを意識しがちになるんです。

　社内価値なんて公正であるはずがなく、とても曖昧なものです。社員一人ひとりの働きは、数字で測れないことが多いですから。そのため夜遅くまで残業している人が「あいつは遅くまで頑張っている」と評価されたりしがちになります。

山本　実力評価の野球選手には、わけのわからない評価方法ですけど。

佐山　社内価値と市場価値は異なります。社内で価値があっても、市場で評価されるとは限らない。よく、大企業で働いていても、肩書きがなくなったとたんに誰からも相手にされなくなる人がいます。なぜかというと、在職中は、その肩書きがあったから人が寄ってきたのです。肩書きがなくなって人が寄ってこなくなったということは、その人に「社内価値はあっても市場価値はなかった」ことを意味します。

大企業の幹部の方と会食すると感じるのですが、ほとんどの方は私よりも貫禄があるんです。だから、私の方が若いと思って年齢を聞いてみると、相手が7つか8つ年下だったりします。なんでかと思って考えると、やっぱり大企業の役員って偉いですから社内で奉られているんです。かつ外部の人からも銀行なら「融資してください」と頭を下げられる。つまり自分が偉いと思うような環境が整っているのです。すると振る舞いにも貫禄がつき、姿勢も後傾になります。

でも、その人たちのほとんどが、いずれは大企業から出ます。そのときに「私は元○○の常務です」と言っても市場ではほとんど何の価値もない。実はこの事実は、組織を出るまで気がつかないことがほとんどなんです。

一方、我々のようなプロフェッショナル集団は、市場での価値がすべてなんです。どの組織にいるかは関係なく、お客さんから評価されるかどうかにかかっています。だから私は、大企業に就職する学生さんには、社内価値だけではなく市場価値を高める努力をするよう言っています。「みなさんは一流企業に入れてよかったと思っているかもしれないけど、そんな肩書きなんていずれなくなる。肩書きが最後まで残るのは社長になった人だけだ」と。

会社のビジネスマンは組織のひとつの歯車にすぎません。歯車はその組織が回っているときにしか価値を発揮しない。だからそれではない、市場でも評価される自分だけの価値を磨いておくことが不可欠なんです。

ＦＡ宣言をしなくてよかった

山本　野球選手も市場価値が全てです。結果を残せば、他球団からも高額の給料で「来てください」と言われる。

でもね、ちょっと佐山さんのメッセージと違うことを言っておくと、私の場合、市場価値ではない判断をしたことで結果的によかったということがありまして、それはフリーエージェント（ＦＡ）宣言をせずに中日一筋を貫いたことなんです。

私がＦＡの権利を得たのは97年のシーズンです。この年、私は3度目の最多勝と最多奪三振のタイトルの二冠を達成しました。当然、ＦＡの目玉です。中日はシーズンの終盤になると優勝の可能性がなくなっていましたから、余計に私の去就が注目されることになりました。

人生でそんなに注目されたのは初めてでした。家の前にカメラはいるし、ずっとテレビに追っかけ回されるし、「こういうのもいいかな」と思っていました。だから、質問を受けても答えをはぐらかして、「シーズンが終わったら考えます」とか「いや、まだ決めてません」とか、本当はぜんぜん出る気はなかったんですけど、思わせぶりな態度を取っていました。すると、最終戦で横浜に行く前に、スポーツ紙の1面に「山本昌、巨人」という字が躍っていました。金額も書いてありました。

当時のFAのルールは現在と違いました。まず、それまでの在籍チームと交渉してから他チームと交渉する。そして、他チームと交渉したら、在籍チームには残れない。そういうルールでしたから、私はまったく出る気はなかったんです。

なのに、シーズンが終わってもはぐらかしていたら、ある日また新聞に私のFAの話が載っていました。新聞をパッと開いて3面に目をやると、ゴルフコンペに出席している星野監督の談話が載っていました。山本投手のFAについてコメントを求められると、「わしはそういう教育をしとらん」。監督が怒っている。「これはやばい」と（笑）。

佐山　山本さんの星野監督ネタ、本当に面白い（笑）。

山本　これ以上引っ張ったら殺されそうなくらいの気分で、私はすぐに球団に電話しました。そして「早くサインしましょう。星野監督が怒っています」と話し、「そうか、じゃあ明日来なさい」と言われ、翌日すぐにサインしました。星野監督のあの3面の記事にビビッた私は、最多勝・最多奪三振のタイトルを得ながら、たった3000万円アップで契約してしまいました。ちなみに、最終戦の前のスポーツ紙で「山本昌、巨人」と躍っていた報道の金額より1億円ほど低かったです。あれを読まなければ、もうちょっと貰ってたかなと思うんですけれど。

佐山　星野監督の怒りにビビッて損をした、と。

山本　でも、結果的に言えば、それで良かったのだと思います。あの時に高いお金で契約していたら、もしかしたらその後、ドラゴンズから「年俸が高すぎる」という理由でクビにされていたかもしれません。まあ充分に高い給料を貰ってはいましたが、必要以上に貰わなかったおかげで長く続けられた。それこそ高い給料を貰って巨人に行っていたら、3年くらいで使い捨てにされていた可能性もありますし。

佐山　それはいい話ですね。でもその話の前提は、山本さんご本人に高い市場価値があってのことですよね。その意味で、私の話とも矛盾しませんよ。

山本　確かにそうですね。我々の場合はまず、試合で使ってもらえるレベルに達しなければ話にならない。でも、残念ながらプロに入っただけで満足してしまっている選手も少なくないんです。プロに入ってからどれだけ伸びたかが重要なのに、満足している選手は言われた練習しかやらない。そして「なんで使ってもらえないのかなあ」と愚痴を言って、結局3、4年でクビになってしまう。

佐山　逆に、若いうちから台頭している選手は、しっかりと目的意識を持って練習しているんでしょうね。

山本　そうですね。2016年シーズンで言えば、楽天のオコエ瑠偉選手は大したもんだと思いました。18歳の野手があれだけやれたのは自信につながったのではないでしょうか。

ただ総じて言えば、投手よりも野手のほうが成長に時間がかかります。

佐山　それはどうしてですか。

山本　アマチュアとプロでは、球のキレや変化球の組み立て方が異なるからです。大リーグからすごい外国人バッターが来ても活躍できないことがあるのも同じ理由です。つまり、大リーグと日本の攻め方は全く違うんです。一方でアメリカだと大したことなくても、日本で打ちまくる選手もいる。そうした選手は、順応力にすぐれていると言えます。

どうしても大リーグの選手はプライドが高いので、昔は特に「日本の野球なんてマイナーリーグのようなものだろ」という意識の選手もいる。しかし、いざやってみるとレベルが高い。そのときに順応できるかどうかがカギです。

佐山　なるほど。野手のほうがギャップが大きいのですね。

山本　同じルーキーでも、投手の場合はベテラン捕手が配球を考えてくれるため、ある程度のピッチングはできる。でも野手は一球一球、バッターボックスで自分で考えなければならない。だから時間がかかるのだと思います。

例えば、今では日本ハムで４番を打っている中田翔選手も、主力になるまでに5年ぐらいはかかりました。

佐山　そうですね。栗山監督はよく辛抱したと思います。大したもんですよ。

山本　横浜ＤｅＮＡの筒香嘉智選手もそうです。２０１６年はホームラン王を獲得しましたが、こちらもブレイクまでに時間がかかっている。かつて清原和博選手や松井秀喜選手のように、高卒1年目から主力として打っていた選手もいましたが、あの人たちが異常ケースです。

佐山　ちなみに最近では、高卒ですぐにプロ入りせずに、大学や社会人で経験を積んでからプロ入りする選手も増えていますね。

山本　私はどちらかというと、高卒でプロ入りしたほうがいいと考えています。実は成績が群を抜いている「Sクラス」の選手って、8割がたは高卒なんです。イチロー、松井秀喜、清原、桑田、ダルビッシュ、田中将大、山田哲人、筒香、大谷……。みんな高卒です。一方、大卒・社会人出身でも古田、上原（浩治）、菅野（智之）など何人かの名前は挙がりますが、それでも高卒の方がどんどん挙げられる。

佐山　それは、なぜでしょう。

山本　やはり体力面で一番伸びる20歳前後の時期に、プロの厳しい練習をすることが大きいと思います。あとは場数です。2軍とはいえ、プロの球を見続けていれば、大卒で入ってきた選手よりも4年間先を行けるわけですから。

もちろん大学でも重要な試合を任されていた選手は伸びます。大学に入って2年生ぐらいから主力になり、日本代表にも呼ばれているような選手は、比較的ブレイクする可能性がある。逆にチームの側から言えば、いくら大卒・社会人のほうが即戦力になる確率が高いとはいえ、毎年一定割合は高卒を採るべきなんです。そうでないと、チームを引っ張るスターが出てこないし、年齢構成的にもいびつになる。最近の中日が低迷しているのも、高卒の獲得数が少なかったことと無関係ではないと思います。

「やりこむこと」が力を伸ばす

佐山　なるほど。一理ありますね。ちなみに山本さんが練習をする際は、どれくらい「頭で考える」ことを重視していますか。考えることなしに、やみくもに努力をしても結果に結びつかない、という意見もありますが。

山本　ある程度は考えて練習しているつもりですが、もはや当たり前になっているので「頭を使っている」という意識はあまりないですね。

もし正しい努力があるとすれば、基本を押さえることです。実は基本を口で説明できる人って少ないんです。野球の場合、なぜこうしたモーションで投げると、こういうボールが行くのか。それを勉強して理解するようになってから、一気に安定して結果が出せるようになりました。

ただ、それ以上に重要なのは「やりこむこと」だと思います。よく、ゲームに異常に熱中する子供がいますが、その集中力をスポーツに振り向けたら、ものすごいことになるんじゃないかと感じています。

佐山　山本さんも、やりこみ力が高いですよね。

山本　ええ。私は結構オタク気質で、ラジコンもそうやって熱中しました。また歴史の本が好きですが、わからないことがあると調べないと気が済みません。全ての努力の根本は、やりこみ力です。それがあれば、多少努力の方向が間違っていても、諦めずに別の方向で頑張ろうと思える。

ただ、そもそも「間違った努力」なんてものもないのかもしれません。無駄だと思っても、必ずどこかで役に立ちますから。前にも話した、キャンプで毎日やっている、ほとんど試合では使われないようなサインプレーの練習なども、その好例ですね。例えばランナーを挟むプレーとか、ゴロを処理してサードに放るとか。しかも1時間黙々と。ピッチャーからすると、実際にランナーを挟むようなプレーをすることってめったにないし、ゴロを捕って3塁に投げることも多くはないですが、そうしたプレーを一つひとつ行うことで、野球そのものに慣れていく。だから、一見無駄に見えても、どこかで成果につながっているんです。

佐山　野球選手は努力した方向が正しかったかどうかが確認しやすいですよね。ピッチャーもバッターも数字に残りますから。ところがビジネスマンはわかりにくいんです。だからこそ、きちんとやらない人が多いと感じています。

M&Aの世界で働いている人は、素人から見れば「専門的ですごい」と思うかもしれません。でも、本当に本質がわかっている人は、せいぜい100人に5人ぐらいです。素人からすればプロに見えるかもしれないけど、私から見れば大したことはない人がほとんどです。

山本　その差はどこにあるんですか？

佐山　基本的な質問に対する答えをみれば一発でわかります。本質がわかっている人は、専門的な質問に対する答えもわかりやすい。一方、本質を捉えず、上っ面しかわかっていない人は、専門用語で答えを返してくる。すると受け手は「なんか難しい話をされたな」という印象しか残らないんです。これは何もM&Aに限った話ではなく、医者や弁護士、会計士など、他のプロフェッショナル職でも同じで、本質がわかっている人はせいぜい5%ぐらいだろうと思っています。

山本　なぜそう思うようになったんですか。

佐山　私は33歳でエンジニアからM&Aの世界に転身しましたが、まだ日本にとって新しい世界で教えてくれる人もいなかったし、本もなかったので、すべて自分で考えるしかなかったんです。

企業の評価をするために、会計に詳しい先輩に教えてもらいながら企業評価のソフトを作ったことがありました。昼間は仕事があってできないから、毎日家に帰ってから作業し、朝の5時ぐらいに寝ることも珍しくありませんでした。明け方に致命的なミスに気づいて、その日一晩の作業がパーになることもしばしばでした。なんでこんなに何千時間もかけてソフトを作ったかというと、面白かったからなんです。だから寝ずにやりこもうと思った。逆に言えば、面白く感じないとそんなに突っ込むこともなかったでしょうし、M&Aの世界で生き残っていけなかったと思います。

面白いことをやっているときは、考えること自体が楽しいので、いろんな考えが浮かぶようになる。すると疑問も出てきて、詳しそうな人に聞いてみる。すると分かってそうに仕事をしている人も案外分かっていないことに気づく。「本当に分かっている人はほとんどいない」と感じると同時に、その疑問に自分で答えを出せた時に自信がつきます。そうなってくると、なんて面白いんだろう、とますますやりこむようになるんです。

すると力もついていき、それが自分の市場価値につながっていきます。

山本　私も野球教室で教えるときに、小・中学生に必ず伝える言葉があります。「君たちはゲームだったら何時間でもできるだろ。野球もそれくらいやりこんでみなさい」と。なぜかといえば、野球をやっていられる時間は、自分たちが考えているほど長くはないからです。相手が中学２年生なら、高校でも全員が続けるわけではないから、あと１年しか野球ができないかもしれない。だから「思う存分やりこんでみろ」と言っています。

佐山　いい言葉ですね。その第一歩は「やらされ感」をなくすことでしょう。どんな仕事でも「言われたからやっている」と思えば、面白くないし力はつきません。だったらもっと面白いと思う他のことをやったほうがいい。人間は５００年も生きられるわけではないですから、やれと言われていやいやるほど、時間がもったいないことはない。私も山本さんと同じく、時間が大事だと思っています。だからいつも何かしています。しかし、何もせずにダラダラして過ごしている人は少なくないと思います。

山本　残念ながらプロでもそうなんです。プロ入り時点ではみんな夢を持っていますが、だんだんと日々の練習に流されるようになってくる。言われた練習だけやって、毎日「疲れた」と言っている。そんな選手が１軍で活躍できるわけがない。

一方で目標を持って頑張っている選手もいますが、彼らに共通するのは「時間がない」と意識していることです。ビジネスマンだって同じですよね。やはりキャリアをつくるのは30歳までが勝負です。ここまでにある程度の道をつくっておかないと後が苦しい。だから、22歳で会社に入ったら、「もう時間はないよ」と言いたいですね。

佐山　同感です。もう一つ付け加えるなら、給料を見て道を決めないことです。お金は取り戻せますが、時間は取り戻せません。やっぱり面白いことに時間を費やさないとダメなんです。「こっちのほうが給料が高い」と言って転職する人は、一生本当のプロにはなれません。生涯現役でいきたいなら面白いと思うことを精一杯追求すること、それに尽きる。

山本　ですよね。好きなことだからプロになれる。私もずっとそうしてきました。でも改めて思いますが、佐山さんの捨て身の姿勢は素晴らしいと思います。

後悔を減らすために努力する

佐山　最後に聞きたいのですが、山本さんにとって「継続の秘訣」とは何だと思いますか？

山本　そうですね、私の場合はとにかく「後悔したくない」という気持ちがモチベーションの源泉になりました。引退会見でも「悔いはある、でも後悔はしていない」と語りました。最年長勝利の世界記録を作ったり、日本シリーズで勝利したりと、できなかったことはたくさんある。だから正直、悔いは残っている。でもその時々で一生懸命取り組んだから、後悔はしていないんです。そして、「後悔したくない」と思い続けていたからこそ、張りのある現役生活が送れたのだと思います。

佐山　「後悔したくない」と強烈に思い続けてきたからこそ、結果が残せたと。

山本　ええ。だから私は、いつか物事が終わるときまで、やり続けることが大切だと思っています。世の中には20代や30代で花開く人がいる一方、40代、50代になっても芽が出ない人もいます。でも、そうした人でも60代ですごいことができるかもしれない。モチベーションは切ってはいけなくて、一生上を目指し続けるべきだと考えます。

だって、そうじゃないと人生つまらないじゃないですか。何もしていない人にはチャンスはきません。ビジネスの世界でも、たとえ不遇でも、一生懸命やっていれば誰かが見ていて、引き上げてくれますよね。

佐山　不遇のとき、「もういいや」とは思わなかったんですか。

山本　実は本当にないんです。これまで話してきたとおり、壁だらけの野球人生でした。結果が出たのも奇跡としかいいようがない。でも不思議と「もういいや」とは思わなかったんです。往生際が悪いといいますか、あきらめが悪いんです。

むしろ、転んだから、そこから何かをつかもうという気持ちは切れなかった。足首を手術したときには膝を鍛え、膝を手術したときは太ももや上半身を鍛えた。ひょっとしたら、この反骨心があったからこそ、長く現役ができたのかもしれません。

あとは、しっかりと「自分を持つ」ことですね。

佐山　自分を持つ、とは？

山本　生きている限り、人から教えられることが多いですが、そのアドバイスが必ず合っているとは限らない。以前に話しましたが、私もかつて、「サイドスローにしろ」とコーチから命じられたことがあったんです。でも、それは絶対に違うと思ったから従わなかった。結果として一時期、試合から干されましたが、あの時従っていたら今の私はありません。

佐山　指導者の本質を見極めるのも重要な要素ですね。

山本　ええ。例えば、日本ハムの栗山監督は優れた指導者です。２０１６年はリーグ優勝を果たし、日本シリーズも制しましたが、大きな要因の一つが増井（浩俊）投手の活躍です。増井投手は15年までリリーフエースでしたが、16年は春先から結果が出なかった。そこで栗山監督は先発転向を命じ、見事2桁勝利につなげたのです。

その際栗山監督は、自分の意図を一生懸命本人に説明しました。最初は本人もリリーフエースとしてのプライドがありますので、納得しなかったそうです。そこで栗山監督は、「お前が納得するまで帰らん」といって、2時間ぐらい話したそうです。

結果として増井投手は先発転向を受け入れました。これがなかったら、日本ハムの日本一はなかったと思います。

大谷翔平の頭の良さ

佐山　以前、「監督やコーチで本当に野球のことをわかっている人は、半分ぐらいしかいない」とおっしゃっていましたね。

山本　ええ。残り半数の指導者は、自分の経験を押し付ける傾向にあります。「最近の若いもんは」という人がいたら、気をつけないといけない。

むしろ年長世代ほど、若い人から学ぶべきだと思うんです。野球の世界でも、若い人はすごいですよ。私が現役のころは、甲子園で140キロ投げるピッチャーがプロに入れば、全マスコミが騒ぎました。しかし今では、当たり前のように150キロを投げるピッチャーがいる。もっとも、スピードガンもちょっとだけ甘くなっているようですが。甘めに数字を出さないと、そのメーカーのスピードガンは売れないそうです（笑）。
とはいえ、若い選手はすごい。とくに大谷翔平君は群を抜いています。

佐山　山本さんは本当に大谷選手を評価していますね。どの点に惹かれるんですか。

山本　フィジカルの強さもさることながら、とにかく頭がいい。私が解説者になってから、ある高卒ルーキーにインタビューしたことがあったのですが、緊張からか何を聞いても「頑張ります」しか答えてくれなかったことがあったんです。5分のインタビュー時間だったので「10個ぐらい質問を考えていけばいいか」と思って臨んだら、3分で質問を使い果たしてしまった。残りの2分は、私が一方的に話していました（笑）。
しかし数日後、大谷選手にインタビューした時は、逆のことが起きたのです。事前にテレビ局からは「30分対談してほしい」と言われていました。しかもMC役のアナウンサーも入らないという。先の高卒ルーキーの例がありますから、私は本当に不安になり、30個も質問をノートに書いて臨みました。

すると、わずか３つの質問で30分の対談が終わったのです。大谷選手はすべての質問に対し、自分の言葉で論理立てて話し、しかも中身に説得力があった。

佐山　それだけ自分の頭で考えているのでしょうね。

山本　もちろんです。あとは場数も大きいと思います。高校球児のときから注目されて、マスコミ対応にも慣れていたんでしょう。また日本ハムの広報教育もしっかりしていた。ただ、それを差し引いても素晴らしい内容でした。私が40歳ぐらいで初めて気づいたことを、大谷選手は自分の言葉で話していたのです。「なんだ、こいつは。本当にすげえな」と思いました。

最後に私は、少し意地悪な質問をしたんです。「アメリカで野球がしたいのか。そうだとすれば、二刀流はどうするのか」と。

すると大谷選手は、「アメリカでやりたいです」と即答し、二つ目の質問に対しては「その時に認めてもらえる方でやりたいです」と答えました。それを受けて私は、「なんと客観的に物事を見ているのだろうか」と思いました。２０１５年の「プレミア12」韓国戦のように、投手・大谷は国際試合にも強い。だからメジャーでも投手で行くべきだと考える人は多い。私もそう思っていました。

一方、２０１６年の名護キャンプに取材に行った際には、彼のバッティング練習を見たのですが、打球がバックスクリーンの上を越えていくんです。12球団のキャンプを見たのですが、いま日本人で一番飛ばせるバッターは大谷選手です。

この選手は、約80年のプロ野球の歴史において一番の化け物だと思います。もちろん投手単体、打者単体では、さらにすごい選手がいますが、超一流の成績を投手でも打者でも残している点で、彼が一番です。しかも思い上がることなく「その時に認めてもらえる方でやりたい」と冷静な考えを持っている。正直、末恐ろしいと思いました。

佐山　となると、近々メジャーに行くのでしょうね。

山本　そう思います。おそらくフリーエージェント（ＦＡ）権取得を待たず、ポスティングで行くでしょう。球団経営の観点からも、ＦＡよりもポスティングで移籍させたほうがいいんです。ＦＡだと球団には一銭も入ってきませんが、ポスティングなら移籍金が入ってきますから。

だから私は、若い選手はすごいと思っています。ただ弱点を挙げるとするならば、意外と足腰がしっかりしていない選手も多い。効率よく能力を伸ばそうとして、基本がおろそかになっているケースも散見されます。その意味では「まずは基本を」といった、昔の人のやり方も一理ある。年をとった人の意見も聞きつつ、効率的な方法も取り入れるといったバランスが、やっぱり重要なんでしょう。

佐山　お話を伺っていると、山本さんのそうした柔軟な姿勢が、継続の秘訣であるように感じます。大ベテランの立場でも、若い人への尊敬の念を忘れない。指導者の意見もすべて鵜呑みにせず、本当に大事なものを見極める。単に「30年間頑張ってきた」だけではない、人間的な奥深さを見た気がしました。

非常に楽しく勉強になる話をありがとうございました。これからの山本さんの人生がさらに楽しみになってきました。益々のご活躍を心からお祈りしています。

おわりに

山本昌

「悔いはある、でも後悔はしていない」。引退会見の時にそう言った気持ちは今でも変わらない。現役時代を振り返って、「あれもできた」「こうすれば良かった」と思うことは今でも沢山ある。

しかし一方で、引退したことで見えてきた新しい世界があるのも確かだ。今は取材者として一線を張っているアスリートの話を聞く機会が多いが、長く現役を続けている選手に会うと、競技が何であれ「自分と同じだな」と感じることが多い。みな人知れず苦労しているし、努力している。勝負の世界では弱気は禁物だから、ケガやメンタルの不調があっても極力平然としている。こうしたアスリートの様子を見ると、「ああ、彼らも人間なんだな。自分と同じだ」と少しホッとするのだ。

大相撲の白鵬関と話した時には、「マサさん、私も長くできますかね?」と訊ねられた。史上最多の優勝回数を誇る大横綱でも、そんな風に思い悩むことがあるらしい。白鵬関は「40歳まで相撲を取りたいんです」と言っていたが、その前提で地道な努力を続けている。スキージャンパーとして40歳を過ぎても圧倒的な戦績を叩き出している葛西紀明選手や、オリンピック3連覇を達成した女子レスリングの吉田沙保里選手と話した時も同じだった。みんな自分の携わっている競技が好きで、努力することを当然と思っている。そして、あきらめが悪い。あきらめが悪いからこそ、「もっと、こうできるのに」と思い続け、いつまでも「やめられない」のだ。それでもやめなければいけない時に悔いが残るとしたら、むしろ当然だろう。

50歳まで現役スポーツ選手を続けた人はほとんどいないから、ベテランの域にさしかかった現役の一流選手たちにとっては、私は彼らの仕事に共感できる数少ない人間ということになる。確かに、長く続けなければ見えてこない世界というものはあるのだ。

引退後の今は、解説者として野球を勉強する機会を頂いているので、しっかりと野球を伝えられるよう技術を磨いていこうと思っている。本書でも語ったように、私はもともと才能に溢れた野球選手ではなかった。ケガにもたくさん見舞われたし、芽の出ない時代や活躍できない時代も経験した。だからこそ伝えていけるものがあると信じている。

大好きな野球に自分の経験を還元したいから、アマチュア指導者としての資格も回復しようと思っているし、縁があって再びユニフォームを着ることがあれば、日本一を目指したいと思っている。

佐山さんとお話しする機会を頂いたのも、引退していなかったらありえなかったことだ。佐山さんには独特のオーラがあり、進歩していこうという強い意志や、あきらめない姿勢は群を抜いている。おこがましいが、私と考え方が非常に近いな、と感じた。人生、どこでどうチャンスがやってくるかは分からない。でも、やめてしまったらチャンスが来たとしても気づけない。だからチャンスが来た時に気づけるよう努力を怠らない。そういう生き方が徹底しているのだ。

お会いして以来、「今の自分は10年後の自分よりも10歳若い」という佐山さんの言葉は、私の胸に突き刺さっている。悔いを残さないためにチャレンジする姿勢をずっと持ち続けようと改めて胸に誓った。この本を通じて、読者の皆さんにもそうしたメッセージを共有して頂ければ幸いだ。

佐山展生

1953年京都府生まれ。インテグラル株式会社代表取締役。スカイマーク株式会社代表取締役会長。一橋大学大学院国際企業戦略研究科教授。洛星高校卒業。京都大学工学部卒業後、エンジニア・研究者として帝人に入社。87年に三井銀行に転職し、M＆A業務に従事。ニューヨーク駐在中の94年にニューヨーク大学ビジネススクールでMBA（経営学修士号）を取得。99年に東京工業大学大学院で博士号（学術）を取得。98年に、日本初の大型独立系投資ファンドであるユニゾン・キャピタルを共同創設し、代表取締役に就任。2004年、M&AアドバイザリーのGCAを共同創設し、代表取締役に就任。2007年、インテグラルを共同創設し、代表取締役に就任。2015年、スカイマークの代表取締役会長に就任。

山本昌（本名・山本昌広）

1965年神奈川県生まれ。元プロ野球選手（投手）。プロ野球史上最長の32年間、史上最年長の50歳まで現役を続けた「球界のレジェンド」。1984年にドラフト5位で中日ドラゴンズに入団。88年のアメリカ留学を機に才能が開花し、それ以後は中日のエースとして活躍。最多勝3回（93年、94年、97年）、最優秀防御率（93年）、最多奪三振（97年）、沢村賞（94年）、最優秀投手（94年、97年）などのタイトルを獲得。2006年には史上最年長の41歳でノーヒットノーランを達成。以後、数々の史上最年長記録を更新。2015年、50歳での登板を最後に現役を引退。通算成績は219勝165敗5セーブ、防御率3・45。趣味のラジコンカーは日本選手権4位に入賞したほどの腕前。クワガタのブリーダーとしても知られる。

本書は「NewsPicks」の連載「生涯現役論」
（2016年6月27日～7月1日、11月2日～11月6日）に、
大幅な加筆・修正を施したものです。
編集協力：野村高文（NewsPicks編集部）

佐山展生　1953（昭和28）年生まれ。インテグラル株式会社代表取締役、スカイマーク株式会社代表取締役会長、一橋大学大学院国際企業戦略研究科教授。博士（学術、東京工業大学）。

山本 昌（本名・山本昌広）1965（昭和40）年生まれ。野球解説者。史上最年長の50歳まで、32年間の現役生活を送った元プロ野球選手。最多勝（3回）、最優秀防御率、沢村賞などを獲得。

Ⓢ新潮新書

719

生涯現役論《しょうがいげんえきろん》

著　者　佐山展生《さやまのぶお》　山本 昌《やまもとまさ》

2017年5月20日　発行

発行者　佐藤隆信

発行所　株式会社新潮社

〒162-8711　東京都新宿区矢来町71番地
編集部(03)3266-5430　読者係(03)3266-5111
http://www.shinchosha.co.jp

写真　遠藤素子

印刷所　株式会社光邦

製本所　憲専堂製本株式会社

ISBN978-4-10-610719-1　C0275

価格はカバーに表示してあります。

Ⓢ新潮新書

697
気づいたら先頭に立っていた日本経済
吉崎達彦

悲観することはない。経済が実需から遊離し「遊び」でしか伸ばせなくなった時代、もっとも可能性のある国は日本なのだから——。エコノミストが独自の「遊民経済学」で読み解く。

702
ADHDでよかった
立入勝義

正面から向き合ったことで、「障害」は「強み」に転じた。実は世の天才、成功者も「ADHDだらけ」！　アメリカ在住20年の起業家・コンサルタントが綴った驚きと感動の手記。

703
国家の矛盾
高村正彦
三浦瑠麗

日本外交は本当に「対米追従」なのか。「トランプ時代」の日本の選択とは——。安全保障論議を一貫してリードしてきた自民党外交族の重鎮に気鋭の政治学者が迫った異色対談。

704
フィリピンパブ嬢の社会学
中島弘象

月給6万円、雇主はヤクザ、ゴキブリ部屋暮らしのフィリピンパブ嬢のヒモになった僕がみた驚きの世界を、ユーモラスに描いた前代未聞、異色のノンフィクション系社会学。

692
観光立国の正体
藻谷浩介
山田桂一郎

観光地の現場に跋扈する「地元のボスゾンビ」たちを一掃せよ！　日本を地方から再生させ、真の観光立国にするための処方箋を、地域振興のエキスパートと観光カリスマが徹底討論。

新潮新書